EBS

4주 완성

초등 국어

독해력

5단계

5학년 수준

BOOK ❶ 독해책

4주 완성

초등 국어

독해력

독해, 왜 해야 할까?

4차 산업혁명 시대에는 융합형 인재가 이 사회를 주도할 것입니다. 그래서 초등학교 때부터 글을 읽어 여러 교과를 아우르는 지식을 습득하고, 분석하고, 스스로 학습하는 습관이 필요한 것이지요.

독해는 단순히 글만 읽어내는 것이 아니며 하루 아침에 잘할 수도 없습니다. 따라서 다양한 장르의 글뿐만 아니라 만화, 도표, 더 나아가 미디어까지 읽고 분석할 줄 알아야 합니다. 또 차근차근 꾸준히 훈련해 나가야 합니다.

EBS 〈4주 완성 독해력〉을 활용하면 재미있게 독해를 훈련할 수 있습니다. 또 영상을 통해 빠르고 쉽게 배경지식을 쌓을 수 있습니다.

〈4주 완성 독해력〉으로 수능까지 이어지는 독해의 자신감을 키워 보세요.

구성과 특징

4주 완성 독해력은 국어과 교육 과정의
읽기 내용 체계를 바탕으로 구성하였습니다.

핵심 개념	내용 요소		
	1학년 · 2학년	3학년 · 4학년	5학년 · 6학년
글의 유형	• 글자 • 낱말 • 문장 • 짧은 글	• 정보를 전달하는 글 • 설득하는 글 • 친교 및 정서 표현의 글 • 친숙한 화제의 글	• 정보를 전달하는 글 • 설득하는 글 • 친교 및 정서 표현의 글 • 사회 · 문화적 화제의 글
읽기 방법	• 소리 내어 읽기 • 띄어 읽기 • 내용 확인하기 • 인물의 처지·마음 짐작하기	• 중심 생각 파악하기 • 내용 간추리기 • 추론하며 읽기 • 사실과 의견 구별하기	• 내용 요약하기(글의 구조 파악하기) • 주장이나 주제 파악하기 • 근거의 타당성 평가하기 • 자료의 적절성 평가하기 • 매체 읽기 방법 적용하기
읽기 태도	• 흥미를 갖고 즐겨 읽기	• 읽기의 경험과 느낌 나누기	• 읽기 습관 점검하기

4주 완성 독해력

🌿 국어 외에도 수학, 사회, 과학 등 여러 교과의 주제로 구성하였습니다.

🌿 시, 동화, 만화, 설명문 등 다양한 장르의 글을 읽고 분석할 수 있습니다.

🌿 간편한 구성에 해설 강의까지 있어 혼자서도 학습할 수 있습니다.

🌿 하루 4쪽씩 4주간 독해 습관을 기를 수 있습니다.

이 주의 학습 내용

한 주 동안 학습할 소재의 제목을 미리 살펴볼 수 있습니다.

확인 문제

흥미롭고 간결한 글을 통해 독해 실력을 확인할 수 있습니다.

보너스 영상

QR 코드를 통해 관련 영상을 보며 빠르고 쉽게 배경지식을 쌓을 수 있습니다.

실전 문제

확인 문제에서보다 확장된 글을 통해 실력을 쌓을 수 있습니다.

간편한 정답

QR 코드를 통해 정답을 바로 확인할 수 있습니다.

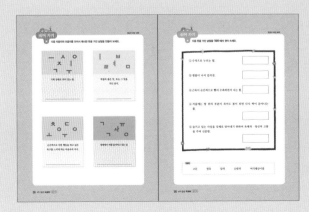

쉬어 가기

한 주 동안 학습한 어휘 중 중요한 것을 모아 재미있는 활동을 통해 어휘력을 키울 수 있습니다.

차례

1주차

일	제목	관련 교과	보너스 영상	쪽수
1일	사라지지 않는 물	국어, 과학	물의 순환	8
2일	다슬기는 우렁이와 달라요	국어, 과학		12
3일	사춘기가 궁금해요	체육	도대체 사춘기가 뭐야?	16
4일	조선의 신분 제도	국어, 사회		20
5일	달콤하고 쌉쌀한 초콜릿	과학, 도덕	공정 무역 초콜릿	24
쉬어 가기				28

2주차

일	제목	관련 교과	보너스 영상	쪽수
1일	3 · 1 운동과 유관순	국어, 사회		30
2일	펄펄 끓는 화산	국어, 과학	화산에서 살아남기	34
3일	키 크기에 좋은 운동, 농구!	국어, 체육		38
4일	건강을 지키는 발효 식품	과학, 실과	우리나라와 외국의 발효 식품 구분하기	42
5일	노란 민들레와 해바라기	국어, 과학		46
쉬어 가기				50

3주차

일	제목	관련 교과	보너스 영상	쪽수
1일	향기로운 풀 허브	국어, 과학	허브의 종류	52
2일	인터넷 신조어, 이대로 사용해도 좋은가?	국어		56
3일	태양계가 궁금해요	과학	태양계의 행성과 나이	60
4일	소나무와 잣나무	국어, 과학		64
5일	한옥에 담긴 조상의 슬기	국어, 사회	한옥에 담긴 조상들의 지혜	68
쉬어 가기				72

4주차

일	제목	관련 교과	보너스 영상	쪽수
1일	신기한 주사위	국어, 수학		74
2일	역사가 숨 쉬는 조선의 궁궐	국어, 사회	서울의 5대 궁궐	78
3일	동양화와 서양화, 산수화와 풍경화	국어, 미술		82
4일	편리한 캔, 위험한 캔	국어, 과학	햄 캔 만드는 과정	86
5일	인류의 발명품, 종이	과학		90
쉬어 가기				94

캐릭터 소개

확인 문제	실전 문제	보너스 강의

1주차

2주차

3주차

4주차

1주차

1일 사라지지 않는 물

2일 다슬기는 우렁이와 달라요

3일 사춘기가 궁금해요

4일 조선의 신분 제도

5일 달콤하고 쌉쌀한 초콜릿

사라지지 않는 물

관련 교과 5-1 국어 '낱말을 만드는 방법 알기' / 4-2 과학 '물의 상태 변화'

확인 문제

정답과 해설 2쪽

　우리는 매일 물을 사용합니다. 마실 때, 요리할 때, 설거지와 빨래를 할 때, 샤워할 때에도 씁니다. 이렇게 날마다 쓰는 물은 어디로 가는 것일까요? 우리가 쓴 물은 모두 사라져 버리는 것일까요? 그렇지 않습니다. 지구 표면의 70% 정도가 물인데, 이것은 수천 년 동안 늘어나지도 줄어들지도 않았다고 합니다. 어떻게 물이 사라지지 않고 같은 양을 유지하고 있는 것일까요? 물의 순환 과정을 따라가면서 그 비밀을 풀어 볼까요?

　물은 다양한 모습으로 존재합니다. 기체인 수증기, 액체인 물, 고체인 얼음이 그것입니다. 지구에 있는 물의 약 97%는 바닷물의 형태로 가장 많이 존재합니다. 이 바닷물은 태양열에 의해 데워지면서 수증기가 되어 하늘로 올라갑니다. 그런데 이 수증기가 하늘 끝까지 올라갈 수 있는 것은 아닙니다. ㉠데워진 수증기는 높은 곳으로 올라갈수록 온도가 낮아지기 때문에 작은 물방울로 다시 변합니다. 그런 작은 물방울들이 하늘에서 모이면 바로 구름이 됩니다. 구름은 바람에 [㉡] 여기저기를 떠돌다가 중력의 힘을 이기지 못하고 비가 되어 다시 바다로 떨어집니다. 이런 과정을 통해 증발했던 바닷물이 사라지지 않고 다시 되돌아오는 것입니다.

★ **수증기**: 기체 상태로 되어 있는 물.
★ **중력(重무거울 중, 力힘 력)**: 지구 위의 물체가 지구로부터 받는 힘.
★ **증발했던**: 어떤 물질이 액체 상태에서 기체 상태로 변하였던.

01 　내용 확인하기
이 글의 내용으로 알맞은 것에 ○표를 하시오.

(1) 물은 다양한 모습으로 존재한다. 　　　　　　　　(　　　)
(2) 지구상의 물은 계속해서 줄어들고 있다. 　　　　　(　　　)
(3) 증발한 바닷물은 수증기가 되어 하늘 끝까지 올라가 없어진다. (　　　)

02 　내용 확인하기
이 글에서 바닷물의 모습은 어떻게 변하였는지 빈칸에 들어갈 알맞은 말을 쓰시오.

바닷물 → (　　　　　　　　) → (　　　　　　　　) → 비

03 어휘 학습하기

㉠에서 설명한 현상을 나타내는 낱말은 어느 것입니까? (　　　　　)

① 증발　　　　　② 응결　　　　　③ 가열　　　　　④ 발열　　　　　⑤ 건조

도움말 4학년 과학 시간에 배운 기체인 수증기가 액체인 물이 되는 현상을 무엇이라고 하는지 떠올려 봅니다.

04 표현의 적절성 평가하기

㉡에 들어갈 알맞은 말에 ○표를 하시오.

(1) 밀어 (　　　　　)　　　　　(2) 밀려 (　　　　　)　　　　　(3) 밀고 (　　　　　)

05 추론하기

물이 모습을 바꿀 수 있는 까닭을 바르게 말한 친구의 이름을 쓰시오.

> 현미: 물이 모습을 바꾸는 것은 물 마음대로인 것 같아. 물의 변신에 어떤 규칙이 있는 것 같지는 않아.
> 태진: 물이 모습을 바꾸는 것은 바로 열 때문인 것 같아. 열을 받으면 물이 수증기로, 열을 빼앗기면 다시 물방울로 변하는 거야.
> 영웅: 물이 모습을 바꾸는 까닭은 바로 장소의 변화 때문이야. 낮은 곳에서는 물이 수증기로, 높은 곳에서는 다시 물로 변하니까 말이야.

(　　　　　　　　　　　　　　　　　　　　　)

'물의 순환'
바로 보기

보너스 강의　　**물의 순환 과정**

물의 양이 변하지 않는
까닭을 물의 순환 과정을
통해 자세히 알아볼까요?

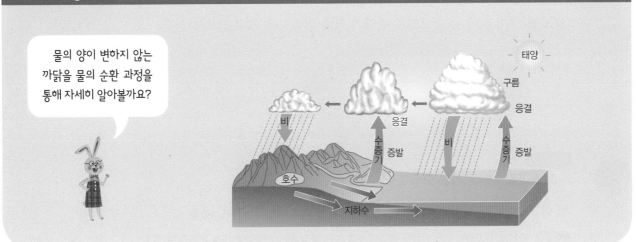

우리가 마신 물은 어디로 갈까요? 우리 몸속으로 들어온 물은 땀이나 눈물, 소변 등이 되어 다시 몸 밖으로 나옵니다. 땀이나 눈물로 배출된 물은 증발하면 수증기가 되어 하늘로 올라갑니다. 바닷물에서 증발한 수증기가 하늘에서 구름이 되고 다시 비가 되어 내리는 것처럼 우리 몸에서 땀이나 눈물로 증발한 물 역시 사라지지 않고 모습만 바꿉니다. 한편 소변으로 배출된 물은 하수도관을 따라 하수 처리장에 모여 여러 과정을 거쳐 정화된 다음 깨끗한 물이 되어 다시 강으로 갑니다. 따라서 우리가 마신 물은 결국 사라지지 않는 것이지요.

비가 되어 땅으로 내려온 물은 어떻게 될까요? 땅으로 내려와 스며든 물은 지하수가 되어 흐르다가 강이나 바다로 흘러갈 수도 있고, 식물의 뿌리에 흡수되기도 합니다. 식물 역시 물을 흡수하면 사람처럼 다시 배출합니다. 식물은 뿌리에서 물을 흡수하여 줄기의 물관을 통해 잎으로 물을 보냅니다. 식물의 잎에는 기공이라는 작은 구멍이 있는데, 기온이 올라가면 기공을 열어 물을 내보냅니다. 바로 물의 증발 작용이 일어나는 것입니다. 식물의 잎에서 증발한 물 역시 하늘로 올라가 구름이 되었다가 　　ㄱ　　이/가 되어 다시 땅으로 떨어지게 됩니다.

이처럼 지구의 물은 결코 없어지거나 사라지지 않고 그 모습과 있는 장소만 바꾸며 여행을 계속합니다. 그리고 물이 모습을 바꿀 때에는 반드시 열에너지를 얻거나 잃으면서 모습을 바꿉니다. 얼음이 열을 얻으면 물이 되고, 물이 다시 열을 얻으면 수증기가 됩니다. 반대로 수증기가 열을 잃으면 물이 되고, 더 많은 열을 잃으면 얼음이 됩니다. 이렇게 물의 변신은 계속 이어집니다.

★ **배출(排**밀칠 배, **出**날 출)**된**: 안에서 밖으로 밀려 내보내진.
★ **정화된**: 불순하거나 더러운 것이 깨끗하게 된.
★ **흡수되기도**: 빨려서 거두어지기도.
★ **변신**: 몸의 모양이나 태도 따위를 바꿈.

내용 확인하기

우리가 마신 물의 이동 경로로 알맞은 것에 ○표를 하시오.

(1) 몸속에 흡수되어 영원히 사라진다. (　　　　)
(2) 소변 등이 되어 몸 밖으로 나왔다가 하수 처리장을 거쳐 강으로 간다. (　　　　)

추론하기

㉠에 들어갈 알맞은 말을 모두 고르시오. (　　　, 　　　, 　　　)

① 비　　　　② 눈　　　　③ 안개　　　　④ 이슬　　　　⑤ 우박

도움말 하늘에서 내리는 물의 형태를 생각해 보고, 그것을 부르는 이름들을 모두 떠올려 봅니다.

내용 확인하기

08 물이 모습을 바꿀 때 꼭 필요한 것은 무엇인지 찾아 쓰시오.

( )

내용 요약하기

09 빈칸에 알맞은 말을 넣어 이 글의 내용을 요약해 쓰시오.

(1) ( )은 사라지지 않는다.

(2) 비가 되어 땅으로 내려온 물도 ( )

(3) 지구상의 물은 사라지지 않고 ( )와/과 ( )만 바꾸면서 여행을 계속한다.

주장이나 주제 파악하기

10 이 글을 읽고 알 수 있는 글쓴이의 생각은 무엇입니까? ( )

① 물은 소중하다.

② 물을 아껴 써야 한다.

③ 지구상의 물은 모습을 바꾸면서 사라진다.

④ 지구상의 물은 높은 곳에서 낮은 곳으로 흐른다.

⑤ 지구상의 물은 없어지거나 사라지지 않고 일정한 양을 유지한다.

어휘 학습하기

11 다음 낱말의 관계로 알맞은 것에 ○표를 하시오.

흡수, 배출

(1) 뜻이 비슷한 낱말의 관계 ( )   (2) 뜻이 반대되는 낱말의 관계 ( )

어휘 학습하기

12 다음을 참고하여 알맞은 낱말을 만들어 쓰시오.

몸의 모양을 바꿈. → 변신

(1) 빛깔을 바꿈. → ( )   (2) 속도를 바꿈. → ( )

정답 바로 보기

맞힌 개수	/ 12개

다슬기는 우렁이와 달라요

관련 교과 5-1 국어 '여러 가지 설명 방법' / 3-2 과학 '물에 사는 동물'

확인 문제

정답과 해설 4쪽

여름철 냇가에서 허리를 구부린 채 물속을 들여다보며 우렁이나 다슬기를 잡은 경험이 있나요? 우렁이와 다슬기는 물가에서 흔히 채취하여 요리해 먹을 수 있는 재료로, 우렁 쌈밥이나 올갱이국 등이 우렁이와 다슬기를 이용해 만든 음식입니다. 둘 다 삶아서 속에 있는 알맹이만 빼서 먹는데, 쫄깃한 식감이 비슷하여 우렁이와 다슬기를 혼동하는 사람이 많습니다. 그러나 우렁이와 다슬기는 겉모습과 사는 환경 등 차이점이 많습니다. 우렁이와 다슬기의 공통점과 차이점을 알아봅시다.

우렁이와 다슬기는 둘 다 연체동물로, 물에 살며 꼬불꼬불한 나선 모양의 껍데기가 있습니다. 날것으로 먹었을 때에는 기생충에 감염될 수 있기에 둘 다 잘 익혀서 먹어야 한다는 공통점이 있습니다.

둘은 차이점도 많습니다. 먼저 크기와 모양이 다릅니다. 우렁이의 껍데기는 다슬기보다 더 크고 둥글고, 다슬기의 껍데기는 우렁이보다 작고 뾰족합니다. 둘 다 물속에 살지만 사는 곳이 다릅니다. 다슬기는 맑은 물에서 잘 자라고, 우렁이는 논이나 물이 탁한 저수지의 고인 물에서 자랍니다. 또 다슬기는 물속에 알이나 새끼를 낳지만, 우렁이는 물 밖 풀 위에 알을 낳는 것도 차이점입니다.

★ **채취하여**: 풀, 나무, 돌 따위를 찾아 베거나 캐어 얻어 내어.
★ **연체동물**: 뼈 없이 연하고 무른 몸을 가진 동물.
★ **기생충(寄부칠 기, 生살 생, 蟲벌레 충)**: 다른 동물체에 붙어서 양분을 빨아 먹고 사는 벌레.
★ **감염될**: 병원체인 미생물이 동물이나 식물의 몸 안에 들어와 증식될.

01 주장이나 주제 파악하기
이 글은 무엇에 대해 설명한 글입니까? (   )

① 물에 사는 생물
② 우렁이와 다슬기의 맛
③ 여름철 냇가에서 하는 놀이
④ 우렁이와 다슬기의 공통점과 차이점
⑤ 우렁이와 다슬기를 이용한 요리 방법

도움말 첫 번째 문단에서 무엇을 알아보자고 하였는지 확인해 봅니다.

02 내용 확인하기

우렁이와 다슬기의 공통점이 <u>아닌</u> 것은 무엇입니까? (   )

① 물에 산다.   ② 연체동물이다.
③ 물속에 알을 낳는다.   ④ 잘 익혀서 먹어야 한다.
⑤ 껍데기가 나선 모양이다.

03 내용 확인하기

다음과 같은 특징이 있는 생물의 이름을 찾아 쓰시오.

> • 껍데기가 크고 둥글다.   • 물 밖 풀 위에 알을 낳는다.   • 논이나 저수지 등 고인 물에 산다.

(   )

04 글의 구조 파악하기

이 글의 설명 방법과 내용을 정리하는 틀로 알맞은 것에 ○표를 하시오.

(1) 비교와 대조   (2) 열거

   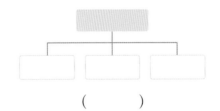

(   )   (   )

05 어휘 학습하기

다음 빈칸에 들어갈 알맞은 말을 골라 선으로 이으시오.

(1) 산에서 약초를 [   ]하였다.   •   • ① 채취

(2) 오징어는 뼈가 없는 [   ]이다.   •   • ② 감염

(3) 손을 잘 씻지 않으면 전염병에 [   ]될 수도 있다.   •   • ③ 연체동물

다슬기는 강이나 하천 같은 민물에서 흔히 볼 수 있는데, 특히 청정 일급수인 맑은 물에서 잘 자랍니다. 깨끗한 곳에서만 사는 반딧불이 유충★의 먹이 중 하나가 바로 이 다슬기입니다. 몸길이가 2cm 정도인 다슬기는 원뿔의 나선형 껍데기로 둘러싸여 있으며, 검은 갈색이나 누런 갈색이고 때로 흰 얼룩무늬가 있습니다. 사는 곳의 물의 흐름과 바닥 환경에 따라 모양이 약간 다릅니다. 잘 보면 다슬기의 머리에는 달팽이처럼 더듬이 한 쌍이 달려 있고, 먹이를 갉아먹을 수 있는 입이 있습니다.

다슬기는 여기저기에서 흔히 볼 수 있어서 지역마다 부르는 이름이 다양합니다. 대개 경상남도에서는 '고둥', 경상북도에서는 '고디', 전라도에서는 '대사리', 충청도에서는 '올갱이', 강원도에서는 '꼴팽이'라고 부릅니다.

다슬기는 아미노산과 타우린이 풍부해서 간 기능 회복과 숙취★ 해소★에 효과적이고, 소화불량이나 눈의 충혈에도 도움이 됩니다. 예부터 우리 조상들도 다슬기의 효능을 알고 있었기에 『동의보감』과 『본초강목』에도 다슬기의 효능이 기록되어 있습니다.

이러한 다슬기는 간단히 삶아 먹어도 맛있지만 국을 끓여 먹으면 별미★입니다. '올갱이국'이 바로 다슬기를 끓여 만든 국입니다. 끓는 물에 깨끗이 씻은 다슬기를 넣고 소금 간을 하여 2~3분 정도 더 끓인 후 건져 냅니다. 이쑤시개로 다슬기 살을 파내고 끓인 물은 버리지 않고 그대로 이용해 다슬기 살과 아욱, 부추, 된장을 알맞게 넣고 다시 끓이면 건강에 좋은 올갱이국이 됩니다.

★ **유충**: 알에서 나온 후 아직 다 자라지 아니한 애벌레.
★ **숙취**: 술에 취해 이튿날까지 깨지 아니하는 취기.
★ **해소**: 어려운 일이나 문제가 되는 상태를 해결하여 없애 버림.
★ **별미(別**다를 별, **味**맛 미**)**: 특별히 좋은 맛. 또는 그 맛을 지닌 음식.

06 주장이나 주제 파악하기

이 글에서 설명하고 있는 내용이 아닌 것은 무엇입니까? (   )

① 다슬기의 모양
② 다슬기의 효능
③ 다슬기의 먹이
④ 다슬기로 만든 요리
⑤ 다슬기를 부르는 여러 이름

07 내용 확인하기

다슬기의 생김새에 대한 설명으로 알맞지 않은 것은 무엇입니까? (   )

① 다슬기의 모양은 모두 똑같다.
② 먹이를 갉아먹을 수 있는 입이 있다.
③ 달팽이처럼 더듬이 한 쌍이 달려 있다.
④ 몸길이가 2cm 정도인 원뿔의 나선 모양이다.
⑤ 검은 갈색이나 누런 갈색이고 때로 흰 얼룩무늬가 있다.

08 내용 확인하기

각 지역에서 다슬기를 어떻게 부르는지 알맞게 선으로 이으시오.

(1) 경상남도 • • ① 고디

(2) 경상북도 • • ② 고둥

(3) 전라도 • • ③ 꼴팽이

(4) 충청도 • • ④ 대사리

(5) 강원도 • • ⑤ 올갱이

09 내용 확인하기

다슬기를 먹으면 어디에 좋은지 모두 고르시오. (　　　,　　　,　　　)

① 코　　　　　② 눈　　　　　③ 간　　　　　④ 위　　　　　⑤ 목

10 추론하기

다슬기를 잡는 장소로 알맞은 곳을 골라 ○표를 하시오.

(1) 맑은 물이 흐르는 계곡　　　　　　　　　(　　　　)

(2) 파도가 세게 치는 바닷가　　　　　　　　(　　　　)

(3) 논이나 저수지 등 진흙이 많고 물이 고인 곳　(　　　　)

도움말 다슬기는 민물에서 흔히 볼 수 있으며 청정 일급수에서 잘 자란다고 하였습니다.

11 어휘 학습하기

다음 빈칸에 들어갈 알맞은 낱말을 찾아 쓰시오.

가래떡을 구워서 꿀에 찍어 먹으면 정말 (　　　　　　　　　)이다.

정답 바로 보기

맞힌 개수	/ 11개

사춘기가 궁금해요

확인 문제

정답과 해설 6쪽

이전과 달리 짜증이 많아지고 반항하는 모습을 자주 보이는 아이들에게 주변 어른들은 "사춘기인가 보다."라는 말을 하곤 합니다. 과연 사춘기가 뭘까요? 국어사전에서 '사춘기'라는 말의 뜻을 찾아보면 '육체적·정신적으로 성인이 되어 가는 시기.'라고 나옵니다. 사춘기는 보통 나이가 15~20세 정도일 때로, 몸과 마음이 아이에서 어른으로 성장해 가는 시기를 말합니다.

그렇다면 사춘기에는 어떤 특성들이 나타날까요? 사춘기의 특징에 대해 자세히 알아봅시다.

먼저 사춘기에는 호르몬 변화에 따라 2차 성징이 나타납니다. 1차 성징은 태어나면서부터 갖게 된 남녀를 구별할 수 있는 생식기의 구분을 뜻합니다. 2차 성징에는 성호르몬의 분비가 증가하면서 남자는 어깨가 벌어지고 목소리가 굵어지며, 여자는 가슴이 나오고 엉덩이가 커집니다. 또 남자는 몽정을 하기도 하며, 여자는 월경을 시작하게 됩니다. 남자와 여자 모두 어른처럼 겨드랑이 등에 체모가 자라기 시작합니다.

★ **성징**: 남과 여, 암컷과 수컷을 구별하는 형태적, 구조적, 행동적 특징.

★ **분비(分**나눌 분, **泌**분비할 비**)**: 샘세포의 작용에 의하여 만든 액즙을 배출관으로 보내는 일.

★ **월경**: 성숙한 여성의 자궁에서 주기적으로 출혈하는 생리 현상.

★ **체모**: 몸털.

주장이나 주제 파악하기

01 이 글은 무엇에 대해 설명한 글입니까? (   )

① 유아기의 특징
② 아동기의 특징
③ 사춘기의 특징
④ 청소년기의 특징
⑤ 노년기의 특징

어휘 학습하기

02 '사춘기'의 사전적 의미를 찾아 쓰시오.

(   )

03 사춘기의 시기로 알맞은 것은 무엇입니까? (   )

① 만 1세~6세 정도　　　② 6~13세 정도　　　③ 15~20세 정도
④ 9~24세 정도　　　⑤ 30~40세 정도

04 사춘기 때 나타나는 신체적 변화로 알맞지 <u>않은</u> 것은 무엇입니까? (   )

① 체모가 자라기 시작한다.
② 여자는 월경을 시작한다.
③ 여자는 가슴과 엉덩이가 커진다.
④ 짜증이 많아지고 반항하는 모습을 보인다.
⑤ 남자는 어깨가 벌어지고 목소리가 굵어진다.

도움말 사춘기의 특징 중 신체적 변화와 정서적 변화를 구별하도록 합니다.

05 이 글을 읽고 알게 된 사춘기의 중요한 특징을 한 가지 쓰시오.

(   )

'도대체 사춘기가 뭐야?'
바로 보기

보너스 강의　　**사춘기의 여러 가지 변화**

'반항기', '질풍노도의 시기'로 불리는 사춘기에 나타나는 여러 가지 변화에 대해 좀 더 자세히 알아볼까요?

■ 신체적 변화: 남자는 남성 호르몬 때문에 목소리가 굵어지며 근육량이 늘어나고, 여자는 여성 호르몬 때문에 월경을 시작하며, 지방 비율이 증가하여 가슴과 엉덩이가 커지는 2차 성징이 나타납니다.

■ 정서적 변화: 짜증, 반항, 다툼 등이 잦아지며 불안정한 정서를 경험합니다. 사춘기를 '몹시 빠르게 부는 바람과 무섭게 소용돌이치는 물결.'에 빗대어 '질풍노도의 시기'라 부르기도 합니다.

■ 관계의 변화: 이성에 대한 호기심이 많아지며, 가족과 함께 있는 시간보다 친구와 함께 있는 것을 더 선호하고, 연예인에 열광하는 등의 경향을 보입니다.

■ 인지적 변화: 전두엽의 발달로 추상적 개념을 다룰 수 있게 되고, 사고를 더 잘 통제하며, 자신의 인지적 과정을 타인에게 쉽게 설명할 수 있습니다.

이처럼 급격한 신체적 변화를 경험하기 때문에 마음도 혼란스러운 시기가 바로 사춘기입니다. 마음이 답답하거나 우울하기도 하고, 하루에도 여러 번 변덕스러운 마음이 생겨나기도 합니다. 이는 성호르몬의 분비가 활발해지면서 내부의 에너지가 폭발 직전의 화산처럼 끓어오르기 때문입니다. 충동을 강하게 느끼며 이성에 관심을 갖기 시작합니다. 그리고 상황을 받아들이고 조절하는 능력이 아직 약하고 정신적으로 불균형한 상태여서 사소한 일에도 짜증을 내거나 기분 상해 하기도 하고, 어른들과 의견 차이로 큰 다툼을 벌이기도 합니다.

또한 사춘기에는 ⊙외모에 관심이 많아지기도 합니다. 씻기를 싫어하던 남자 아이들은 빈번하게 샤워를 하기도 하고, 여자 아이들은 체중 조절을 한다며 다이어트를 하기도 합니다. 매일 거울을 들여다보며 얼굴에 난 여드름에 한숨을 쉬기도 하고, 머리 모양도 바꿔보며 외모를 가꾸기도 합니다.

매우 독립적인 모습을 보이는 것도 사춘기의 또 다른 특징입니다. 다른 사람이 자신의 물건에 손대는 것을 싫어하며 일기장을 깊숙이 감추어 두기도 합니다. 그래서 자신만의 공간을 갖기를 원하며 방문을 쾅쾅 닫고는 가족들이 접근 못하게 하는 경우도 있습니다. 특히 요즘은 사춘기 연령이 낮아져 초등학생들도 사춘기를 맞이합니다. '독립성'은 초등 사춘기의 큰 특징 중 하나인데, 혼자 무엇인가를 하려고 하고 부모의 통제에서 벗어나려고 합니다.

지금까지 사춘기의 특징에 대해 대략적으로 살펴보았습니다. 사춘기를 겪는 시기와 사춘기에 나타나는 심리적, 신체적 변화 등은 각자 다르지만, 어른이 되어가는 자연스러운 과정으로 받아들이고 이해하려는 마음이 필요할 것입니다.

★ **변덕(變**변할 변, **德**덕 덕**)스러운**: 이랬다저랬다 하는, 변하기 쉬운 태도나 성질이 있는.
★ **충동**: 순간적으로 어떤 행동을 하고 싶은 욕구를 느끼게 하는 마음속의 자극.
★ **통제**: 일정한 방침이나 목적에 따라 행위를 제한하거나 제약함.

내용 확인하기

06 초등 사춘기의 큰 특징을 찾아 세 글자로 쓰시오.

( )

사실과 의견 구별하기

07 글쓴이의 의견으로 알맞은 것을 골라 ○표를 하시오.

(1) 사춘기는 마음이 혼란스러운 시기이다. ( )
(2) 사춘기에는 몸매나 외모에 아주 관심이 많다. ( )
(3) 사춘기를 겪는 시기와 사춘기에 나타나는 변화 등은 사람마다 다르다. ( )
(4) 사춘기를 어른이 되어가는 자연스러운 과정으로 받아들이고 이해하려는 마음이 필요하다. ( )

내용 요약하기

08 다음은 이 글의 내용을 요약한 것입니다. 빈칸에 들어갈 알맞은 내용을 정리해 쓰시오.

(1) 사춘기는 급격한 신체적 변화 때문에 마음도 혼란스러운 시기이다.

(2) _____

(3) _____

도움말 각 문단의 중심 문장을 찾아 정리할 수 있도록 합니다. 문단의 중심 문장은 문단의 처음에 위치하는 경우가 많습니다.

근거의 타당성 판단하기

09 다음의 고민에 대해 알맞은 해결 방법을 제시한 친구의 이름을 쓰시오.

> "부모님이 내 일기장을 몰래 보시는 것 같아. 너무 화가 나."

> 준영: 부모님이 몰래 일기장을 보실 때 사진을 찍어서 신고하는 것이 좋겠어.
> 태이: 남의 일기장을 왜 보냐고 화를 내면 다시는 일기장을 몰래 보지 않으실 거야.
> 현지: 부모님께 나도 이제 자랐으니 나만의 비밀이나 사생활을 지키길 원한다고 말씀드리고, 정중하게 일기를 보지 마시라고 부탁드리는 것이 어떨까?

(   )

어휘 학습하기

10 다음 낱말 중에서 '사춘기'와 거리가 먼 낱말을 골라 쓰시오.

| 불균형한 | 조절하는 | 혼란스러운 | 변덕스러운 |

(   )

어휘 학습하기

11 ㉠과 반대의 의미로 쓰이는 낱말은 어느 것입니까? (   )

① 내면   ② 얼굴   ③ 몸매

④ 생김새   ⑤ 겉모습

정답 바로 보기

맞힌 개수	/ 11개

조선의 신분 제도

관련 교과 5-1 국어 '근거의 적절성 파악하며 글 읽기' / 5-2 사회 '유교 문화가 발달한 조선'

확인 문제

정답과 해설 8쪽

신분이란 개인의 사회적인 위치나 계급을 말하는데, 조선 시대에는 양반, 중인, 상민, 천민으로 나누었습니다. 조선 시대 사람들은 타고난 신분에 따라 특권을 누리거나 맡은 일을 해야 하는 등 차별을 받으며 살았습니다.

먼저 양반은 조선의 지배 계층으로 유교 경전을 공부하여 과거를 통해 관리가 되면 나라를 다스리는 데 직접 참여할 수 있었습니다. 일생 동안 육체적인 노동을 하지 않고, 군역과 세금이 면제되는 등 많은 혜택을 누렸습니다.

중인은 양반과 상민 사이에 있는 계층으로 기술관이나 사무직에 종사하였습니다. 관청에서 일하는 서리와 향리, 병을 치료하던 의관, 외국어를 통역하던 역관, 양반의 첩에게서 태어난 서얼 등이 중인에 해당합니다.

백성의 대부분을 차지하던 상민은 농업, 수공업, 상업 등에 종사하였는데, 그 중 농민이 가장 많았습니다. 농민은 세금을 많이 내고 나라 경제에 큰 도움을 주었지만 대부분 가난한 생활을 하였습니다. 수공업자와 상인은 나라의 통제를 받으며 경제 활동을 하였습니다.

천하게 여겼던 직업에 종사하던 천민은 대부분 노비였는데, 백정, 광대, 무당, 기생 등도 천민이었습니다. 노비는 나라와 양반의 재산으로 여겨져 사고팔렸으며 주인을 위해 여러 가지 일을 했습니다.

★ **특권**: 특별한 권리.
★ **경전(經글 경, 傳전할 전)**: 유학의 성현이 남긴 글.
★ **군역**: 군대에서 복역하는 일.
★ **종사하였습니다**: 어떤 일에 마음과 힘을 다하였습니다.

01 **내용 확인하기**

조선 시대의 신분 제도로 알맞은 것은 무엇입니까? (   )

① 양반, 상민
② 양반, 중인
③ 양반, 상민, 천민
④ 귀족, 중인, 평민, 천민
⑤ 양반, 중인, 상민, 천민

도움말 조선 시대에는 신분을 크게 몇 가지로 구분하였는지 확인 후, 어떤 신분이 있었는지 자세히 살펴봅니다.

어휘 학습하기

2 다음을 뜻하는 말을 찾아 쓰시오.

> 태어날 때부터 정해져 있는 개인의 사회적인 위치.

( )

내용 확인하기

3 양반의 생활 모습으로 알맞지 <u>않은</u> 것은 무엇입니까? ( )

① 유교 경전을 공부했다.

② 군역이 면제되는 혜택을 누렸다.

③ 일생 동안 육체적인 노동을 하지 않았다.

④ 군대에 가 나라를 유지하는 데 큰 도움이 되었다.

⑤ 과거를 통해 관리가 되어 나라를 다스리는 데 직접 참여하였다.

내용 확인하기

4 다음 중에서 중인에 해당하지 <u>않는</u> 사람은 누구입니까? ( )

① 향리　　　　② 의관　　　　③ 역관　　　　④ 서얼　　　　⑤ 광대

글의 구조 확인하기

5 이 글의 내용을 알기 쉽게 정리하는 틀로 가장 알맞은 것에 ○표를 하시오.

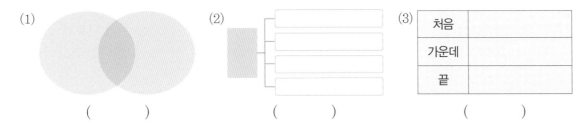

(1) ( )　　　(2) ( )

처음	
가운데	
끝	

(3) ( )

어휘 학습하기

6 다음 빈칸에 들어갈 말로 알맞은 것은 무엇입니까? ( )

> ○○ 독서실에 등록하면 컴퓨터를 무료로 이용할 수 있는 [ ]이/가 주어진다.

① 의무　　　　② 종사　　　　③ 군역　　　　④ 특권　　　　⑤ 치료

제△△호 　　　　　　　　○○ 신문　　　　○○○○년 ○○월 ○○일

최근 이슈가 되고 있는 신조어 중 하나가 '수저 계급론', 줄여서 '수저론'입니다. 18세기 이전 유럽 귀족 집안에서 유모가 아기에게 젖을 먹일 때 은수저를 사용하던 풍습이 있었습니다. 은수저는 독을 확인할 수 있는 소재이기도 하지만 부의 상징이었습니다. 수저론은 '은수저를 물고 태어나다.'란 세르반테스의 소설 『돈키호테』의 영어 해석에서 유래한 것입니다. 수저론은 태어나자마자 부모의 직업이나 경제력 등으로 자녀의 수저가 결정된다는 말로, 금수저, 은수저, 동수저, 흙수저로 나누어 말하고 있습니다. 청년 실업, 부익부 빈익빈, 부의 대물림 등의 사회 문제와 맞물리면서 이 수저론은 큰 공감을 얻고 있습니다.

실제로 △△대학교의 ○○○교수가 최근 발표한 '청년의 성공 요인에 관한 인식 조사' 결과 한국의 대학생들이 뽑은 성공 요인 1순위는 부모의 재력이었습니다. 중국, 일본, 미국의 대학생들이 재능이나 노력을 성공 요인으로 뽑은 것과는 비교가 됩니다.

부모의 경제력이 자녀의 학력에 영향을 미친다는 사실은 여러 연구를 통해 이미 알려져 있습니다. 한국장학재단에서 2012학년도의 국가 장학금 신청자를 분석한 결과 상위권 대학에서 국가 장학금을 신청한 학생의 약 40% 정도가 소득 상위 10%에 속하는 고소득층 자녀였습니다. 즉, 고소득층 자녀들이 상대적으로 상위권 대학에 많이 진학하였음을 알려주는 결과입니다.

○○일보 박민형 기자

★ **대물림**: 사물이나 가업 따위를 후대의 자손에게 남겨 주어 자손이 그것을 이어 나감.

★ **인식(認**알 인**, 識**알 식**)**: 사물을 분별하고 판단하여 앎.

★ **재력**: 재물의 힘. 또는 재산상의 능력.

내용 확인하기

이 글은 무엇에 관한 기사입니까? (　　　　　)

① 청년 실업　　　　　② 수저 계급론　　　　　③ 수저 사용법

④ 고연봉 일자리　　　⑤ 국가 장학급 신청법

주장이나 주제 파악하기

이 기사문에 담긴 기자의 생각으로 알맞은 것에 ○표를 하시오.

(1) 성공을 위해서는 본인의 재능과 노력이 중요하다.　　　　　　　(　　　)

(2) 부모의 직업과 경제력이 개인의 성공에 막대한 영향을 미친다.　(　　　)

(3) 우리나라는 누구든지 노력하면 고소득층이 될 수 있는 평등한 사회이다.　(　　　)

도움말 이 기사를 읽고 알게 된 사실이 무엇인지 생각해 봅니다.

09 내용 확인하기

수저 계급론을 나누는 기준은 무엇입니까? (   )

① 개인의 직업   ② 살고 있는 지역
③ 개인의 미래 가치   ④ 개인의 재능이나 성격
⑤ 부모의 직업이나 경제적 능력

10 근거의 타당성 판단하기

이 기사문의 내용을 바르게 평가한 친구의 이름을 쓰시오.

> 해준: 근거 자료가 되는 연구의 출처를 밝혔기에 근거가 믿을 만하다고 생각해.
> 연우: 나도 평소에 금수저, 은수저, 동수저, 흙수저 이야기를 들어보았어. 알고 있던 내용이므로 기사
> 문의 가치가 없다고 생각해.
> 세린: 우리나라는 자유 민주주의 국가로 평등한 나라로 알고 있어. 평소 내가 알고 있던 내용과는 전혀
> 다르기 때문에 옳지 않은 내용이라고 생각해.

(   )

11 어휘 학습하기

다음 빈칸에 들어갈 알맞은 낱말을 찾아 쓰시오.

> 아버지는 할아버지께서 운영하시던 식당을 [   ]하셨다.

(   )

12 어휘 학습하기

뜻이 비슷한 낱말끼리 짝지어진 것은 무엇입니까? (   )

① 진학 - 취직   ② 성공 - 실패   ③ 재능 - 취업
④ 재력 - 실력   ⑤ 실업 - 실직

정답 바로 보기

맞힌 개수	/ 12개

달콤하고 쌉쌀한 초콜릿

관련 교과 4–2 과학 '식물의 생활' / 6–2 도덕 '우리가 만드는 공정한 세상'

확인 문제

정답과 해설 10쪽

초콜릿이 만들어지기까지 수많은 과정을 거쳐야 하는 것을 아시나요? 초콜릿의 원료인 카카오 열매가 열리는 카카오나무는 습기가 많고, 직사광선이 없는 그늘진 곳에서 잘 자라기 때문에 재배하기 까다로운 식물입니다.

코코아라고도 하는 카카오 열매는 럭비공처럼 생겼습니다. 일 년에 두 번 수확하며 나무 한 그루에서 약 30개 정도의 열매를 얻을 수 있습니다.

카카오 열매를 쪼개면 흰색 과육에 둘러싸여 있는 씨앗이 나오는데 이것이 카카오 콩입니다. 초콜릿을 만들기 위해서는 카카오 콩을 먼저 발효시켜야 합니다. 카카오 콩을 바나나 잎으로 싸서 3~10일 정도 발효시키면 떫은맛이 약해지며 초콜릿향이 나기 시작합니다. 이 발효시킨 콩을 1~2주 정도 햇빛에 말리면 콩의 무게는 줄어들고 향은 더 좋아지게 됩니다. 그다음 햇빛에 잘 ㉠말린 카카오 콩을 100~150도에서 25~50분간 볶아 줍니다. 볶은 카카오 콩은 껍질을 제거하고 빻아서 가루로 만들고 이 가루에 열을 가하면 녹으면서 걸쭉해지는데 이것을 카카오 매스라고 합니다. 우리가 먹는 초콜릿은 이 카카오 매스에 설탕이나 카카오 버터, 향료 등을 첨가하여 만든 것입니다.

★ **직사광선**: 정면으로 곧게 비치는 빛살.

★ **과육(果열매 과, 肉살 육)**: 열매에서 씨를 둘러싸고 있는 살.

추론하기

01 이 글은 어떤 사람이 읽으면 가장 도움이 되겠습니까? (   )

① 카카오 나무를 키우는 사람

② 초콜릿의 역사를 알고 싶은 사람

③ 초콜릿의 다양한 종류를 알고 싶은 사람

④ 초콜릿이 만들어지는 과정이 궁금한 사람

⑤ 좋은 초콜릿을 고르는 방법을 알고 싶은 사람

도움말 이 글에서 주로 설명하고 있는 내용이 무엇인지 생각해 봅니다.

02 내용 확인하기

카카오나무에 대한 설명으로 알맞은 것은 무엇입니까? (　　　　)

① 날씨가 추운 곳에서 잘 자란다.　　② 비가 오지 않는 곳에서 잘 자란다.

③ 바람이 많이 부는 곳에서 잘 자란다.　　④ 햇빛이 많이 들어오는 곳에서 잘 자란다.

⑤ 햇빛이 들어오지 않는 그늘진 곳에서 잘 자란다.

03 내용 요약하기

㉠～㉣를 초콜릿이 만들어지는 순서에 맞게 기호를 쓰시오.

> ㉠ 카카오 콩 볶기　　　　　　　　㉡ 카카오 콩 발효시키기
> ㉢ 카카오 열매 수확하기　　　　　㉣ 곱게 빻고 열을 가해 카카오 매스 만들기

(　　　　) → (　　　　) → (　　　　) → (　　　　)

04 사실과 의견 구별하기

이 글을 읽고 난 뒤의 생각이나 느낌으로 알맞은 것에 ○표를 하시오.

(1) 카카오나무는 열대 지방에서 재배되는구나.　　(　　　　)

(2) 초콜릿을 먹기까지 여러 사람의 노력이 필요하구나.　　(　　　　)

(3) 카카오 콩은 바나나 잎에 싸서 발효시켜야 하는구나.　　(　　　　)

05 어휘 학습하기

다음 밑줄 친 낱말이 ㉠과 같은 뜻으로 사용된 문장의 기호를 쓰시오.

> ㉠ 돌돌 <u>말린</u> 빨래를 잘 펴서 널었다.
> ㉡ <u>말린</u> 고추를 빻아서 고춧가루를 만들었다.
> ㉢ 언니와 나의 싸움을 <u>말린</u> 사람은 내 동생이다.

(　　　　)

'공정 무역 초콜릿'
바로 보기

보너스 강의　　**착한 초콜릿**

공정 무역을 통한 착한 초콜릿에 대해 좀 더 자세히 알아볼까요?

　　카카오 농장에서는 아동 착취가 행해지고, 하루 종일 일을 하지만 가격이 비싸서 누구도 초콜릿을 먹어 보지 못했다고 합니다. 이에 정당한 노동으로 생산된 카카오를 중간 상인 없이 농민 조합과 구매자 사이의 직거래를 통해 공정한 가격을 보상하자는 공정 무역을 시작하게 되었습니다. 공정 무역을 하는 카카오 농장에서는 15세 이하의 아이들은 학교에 다녀와야만 농장에서 일할 수 있고, 18세 이하 아이들은 위험한 칼을 사용하거나 농약을 뿌려서는 안 된다고 합니다. 이런 방법으로 카카오 콩을 생산하면 착한 초콜릿이 될 수 있답니다.

　　우리가 사 먹는 초콜릿 한 개의 가격에는 카카오 재배 농민, 수출업자, 운송업자, 가공업자, 유통업자의 몫이 모두 포함되어 있습니다. 그런데 생산자인 카카오 콩을 재배하는 사람들의 몫이 아주 적습니다. 그래서 농민들은 항상 가난할 수밖에 없고, 생산량을 늘리기 위해서 어린 아이들까지 카카오 농장에서 노동을 하고 있습니다. 이런 문제를 해결하려고 만들어진 것이 '공정 무역'입니다. 공정 무역이란 서로 혜택이 동등한 가운데 이루어지는 무역을 말합니다. 공정 무역에서는 최저 가격을 보장하여 농민들이 카카오 콩을 생산하는 데 들어간 비용과 노동에 대한 값을 지불하고 있습니다.

　　우리가 공정 무역을 통해 생산된 초콜릿을 구입하면 농민들에게 더 많은 수익★이 돌아가 그들이 가난에서 벗어나 더 나은 삶을 살 수 있도록 도와줄 수 있습니다. 노동 시간도 줄어들어 그들의 자녀들은 농장에서 노동만 하는 것이 아니라 학교에서 교육받을 수 있는 기회가 늘어날 수 있습니다. 그리고 공정 무역을 통해 얻은 수익의 일부는 학교나 병원, 도로 등 마을을 위한 시설을 만드는 데 사용하기 때문에 지역 공동체의 발전에 도움이 됩니다.

　　또한 공정 무역 제품을 이용하는 것은 지구와 인간 모두에게 도움이 됩니다. 공정 무역 작물을 재배할 때는 농약이나 화학 비료를 사용하지 않고 친환경적인 방법을 사용합니다. 그렇기 때문에 지구 환경도 보호하고 소비자도 질 좋고 더 건강한 음식을 먹을 수 있습니다.

　　앞으로는 물건을 살 때 가격이나 디자인만 살펴보는 것이 아니라 내가 구입한 물건이 노동자에게 정당한 대가를 주는지, 아동의 노동력을 착취★한 것은 아닌지, 환경을 오염시킨 것은 아닌지도 꼼꼼하게 따져 봅시다.

★ 수익(受받을 수, 益더할 익): 이익을 거두어들임.
★ 착취(搾짤 착, 取가질 취)한: 계급 사회에서 생산 수단을 소유한 사람이 생산 수단을 갖지 않은 직접 생산자로부터 그 노동의 성과를 무상으로 취득한.

추론하기

06 글쓴이가 제기하고 있는 문제는 무엇입니까? (　　　)

① 카카오 콩의 생산량이 너무 부족하다.
② 카카오나무가 멸종 위기에 처해 있다.
③ 카카오 콩 생산자의 수익이 너무 많다.
④ 카카오 콩 생산자의 수익이 너무 적다.
⑤ 카카오나무가 지구 환경을 오염시킨다.

주장이나 주제 파악하기

07 글쓴이가 주장하는 내용이 무엇인지 쓰시오.

(　　　　　　　　　　　　　　　　　　　　　　　　　　)

근거의 타당성 판단하기

08 글쓴이가 제시한 근거로 알맞지 <u>않은</u> 것은 무엇입니까? (   )

① 생산자의 노동 시간을 줄일 수 있다.

② 지구 환경을 살리는 데 도움이 된다.

③ 마을 발전을 위한 시설을 만들 수 있다.

④ 아이들이 일할 수 있는 기회가 늘어난다.

⑤ 소비자는 질 좋고 건강한 음식을 먹게 된다.

추론하기

09 글쓴이의 주장과 같은 생각을 가진 친구의 이름을 쓰시오.

> 금비: 나는 앞으로 초콜릿을 절대 사 먹지 않을 거야.
>
> 지용: 나는 가격 비교를 통해 가장 저렴한 제품을 구입할 거야.
>
> 윤우: 물건을 살 때 공정 무역 인증 마크가 붙어 있는 상품을 찾아 볼 거야.

(   )

매체 읽기

10 이와 같은 글을 읽는 방법으로 가장 알맞은 것은 무엇입니까? (   )

① 처음부터 끝까지 훑어 읽는다.

② 필요한 부분만 찾아서 읽는다.

③ 필요한 정보를 메모하며 읽는다.

④ 글쓴이의 의도를 파악하며 읽는다.

⑤ 글의 내용을 있는 그대로 받아들이며 읽는다.

도움말 주장하는 글을 읽을 때에는 글쓴이의 주장이 무엇인지 파악하고, 주장을 뒷받침하기 위해 제시한 근거가 적절한지 살펴보아야 합니다.

어휘 학습하기

11 다음과 같은 뜻을 가진 낱말은 무엇입니까? (   )

> 이익을 거두어들임.

① 생산   ② 소비   ③ 수입   ④ 수익   ⑤ 수출

정답 바로 보기

맞힌 개수	/ 11개

다음 자음자와 모음자를 모아서 제시된 뜻을 가진 낱말을 만들어 보세요.

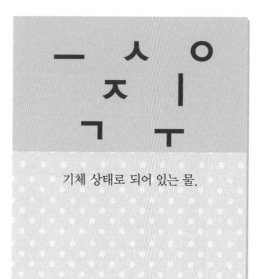

기체 상태로 되어 있는 물.

_____

특별히 좋은 맛, 또는 그 맛을
지닌 음식.

_____

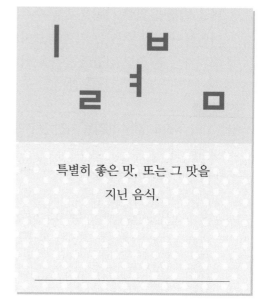

순간적으로 어떤 행동을 하고 싶은
욕구를 느끼게 하는 마음속의 자극.

_____

열매에서 씨를 둘러싸고 있는 살.

_____

2주차

1일 3·1 운동과 유관순

2일 펄펄 끓는 화산

3일 키 크기에 좋은 운동, 농구!

4일 건강을 지키는 발효 식품

5일 노란 민들레와 해바라기

3 · 1 운동과 유관순

관련 교과 5-1 국어 '경험을 떠올리며 작품을 읽을 때 좋은 점 알기' / 6-1 사회 '근대 국가 수립을 위한 노력과 민족 운동'

확인 문제

정답과 해설 14쪽

　1902년 충청남도 천안에서 태어난 유관순은 어릴 때부터 독립운동가인 아버지께 신학문과 나라 사랑의 마음을 배웠습니다. 유관순은 열세 살 되던 해에 미국인 선교사의 도움으로 서울에 있는 이화 학당에 입학하였습니다. 유관순은 남들이 하기 싫어하는 일을 솔선수범하여 도맡기도 하고, ㉠밥값이 없어 밥을 굶는 친구를 위해 자신의 저녁밥을 양보하기도 하였습니다. 또한 방학 때에는 고향에 내려와서 동네 어린이와 부녀자들에게 글을 가르치며 일본에 빼앗긴 나라를 위해 큰일을 하기로 마음먹었습니다.

　일본의 감시 속에 살고 있던 고종 황제가 갑작스럽게 세상을 떠나자, 우리나라 사람들은 고종 황제가 일제에 의해 살해된 것으로 여겼습니다. 이를 계기로 우리 민족의 독립에 대한 열망은 더욱 강해졌습니다. 그래서 33명의 민족 대표들은 1919년 3월 1일 파고다 공원(현 탑골 공원)에서 독립을 선언하고, 전국적으로 만세 운동을 펼치기로 하였습니다. 이 소식을 들은 유관순과 친구들은 시위 결사대를 조직하고, 돈을 모아 사람들에게 나누어 줄 태극기를 만들었습니다. 드디어 3월 1일이 되었고 유관순과 친구들은 만세 운동에 참여하여 '대한 독립 만세'라는 구호를 외쳤습니다. 일본은 만세 운동을 하는 사람들을 잡아 가두고, 무력으로 만세 운동을 막으려고 애썼지만 만세 운동은 시간이 갈수록 더욱 거세지고 방방곡곡으로 퍼져 나갔습니다.

★ **솔선수범**(率거느릴 솔, 先먼저 선, 垂베풀 수, 範본보기 범)**하여**: 남보다 앞장서서 행동해서 몸소 다른 사람의 본보기가 되어.

★ **방방곡곡**: 한 군데도 빠짐이 없는 모든 곳.

01

주장이나 주제 파악하기

이 글의 중심 내용으로 알맞은 것은 무엇입니까? (　　　)

① 고종 황제와 유관순
② 유관순과 만세 운동
③ 유관순과 이화 학당
④ 일본의 만세 운동 탄압
⑤ 민족 대표들의 독립 선언

내용 요약하기

02 유관순이 한 일을 시간 순서대로 기호를 쓰시오.

> ㉮ 만세 운동에 참여했다.　　　　　　㉯ 시위 결사대를 조직했다.
> ㉰ 이화 학당에 입학했다.　　　　　　㉱ 고향 사람들에게 글을 가르쳤다.

(　　　) → (　　　) → (　　　) → (　　　)

추론하기

03 ㉠으로 알 수 있는 유관순의 성격으로 알맞은 것은 무엇입니까? (　　　)

① 정의롭다.　　　　　　　　② 솔직하다.
③ 정이 많다.　　　　　　　　④ 자신만만하다.
⑤ 이기적이다.

내용 확인하기

04 만세 운동에 대한 설명으로 알맞지 <u>않은</u> 것을 골라 ○표를 하시오.

(1) 1919년 3월 1일에 시작되었다. 　　　　　　　　　　(　　　)
(2) 만세 운동은 점점 거세지고, 전국으로 퍼져나갔다. 　　(　　　)
(3) 유관순은 파고다 공원에서 우리나라의 독립을 선언하였다. (　　　)

도움말 만세 운동은 '대한 독립 만세'라는 구호를 외치는 항일 독립운동입니다.

추론하기

05 이 글을 읽고 유관순이 살았던 시대의 상황을 바르게 말한 친구의 이름을 쓰시오.

> 영광: 만세 운동에는 33인의 민족 대표와 남자들만 참여할 수 있었어.
> 송이: 일본에게 나라를 빼앗긴 후 우리 민족은 힘든 시기를 보내고 있었어.
> 지연: 일본의 경제적 지원을 받아 학교나 공원 등이 많이 생겨나고 있었어.

(　　　　　　　　)

3·1 운동 이후 학교가 휴교되자 유관순은 고향으로 내려갔습니다. 유관순은 고향에서도 여러 마을을 돌아다니며 사람들을 설득하고 만세 운동을 준비했습니다. 드디어 4월 1일, 수많은 사람들이 만세 운동에 참여하기 위해 천안에 있는 아우내 장터에 모였습니다. 유관순은 앞장서서 '대한 독립 만세'를 외치며 만세 운동을 이끌었습니다. 일본 경찰과 헌병대는 만세 운동을 하는 사람들에게 총을 쏘고, 칼을 휘둘렀고 이에 만세 운동에 참여한 많은 사람들이 다치거나 죽게 되었습니다. 이날 유관순의 부모님도 일본 헌병대의 총에 맞아 돌아가시고, 유관순도 붙잡혀 감옥에 가게 되었습니다.

공주 감옥에서 고문을 많이 당했지만 유관순은 자신이 시위의 주동자이니 다른 사람은 풀어주라며 자신의 뜻을 굽히지 않았습니다. 법정에서는 "대한 사람이 빼앗긴 나라를 되찾겠다고 만세를 부른 것이 무슨 잘못이냐?"며 당당하게 외쳤습니다. 서대문 형무소로 옮겨진 후에 다시 열린 재판에서도 유관순은 "독립 만세 운동을 한 것은 죄가 아니다."라고 말하며 만세를 불렀는데 법정을 소란하게 했다는 죄가 추가되기도 하였습니다.

유관순이 감옥에서도 계속 '대한 독립 만세'를 부르자 다른 방에 있던 사람들도 이 소리를 듣고 함께 만세를 불렀고, 그때마다 유관순은 끌려가서 고문을 받았습니다. 1920년 3월 1일, 3·1 운동 1주년을 기념하여 감옥에서 동료들과 만세를 부른 사건으로 또 모진 고문을 당했습니다. 계속되는 고문에 유관순의 몸은 점점 약해져갔고, 결국 1920년 9월 28일 유관순은 우리나라의 독립을 보지 못한 채 열여덟의 나이로 감옥에서 ㉠눈을 감았습니다.

★ **고문**: 숨기고 있는 사실을 강제로 알아내기 위하여 육체적·정신적 고통을 주며 신문함.
★ **주동자(主**주인 주, **動**움직일 동, **者**사람 자**)**: 어떤 일에 주장이 되어 행동하는 사람.
★ **모진**: 괴로움이나 아픔 따위의 정도가 지나치게 심한.

매체 읽기

06 이와 같은 글의 특징은 무엇입니까? (   )

① 상상한 내용을 바탕으로 쓴 글이다.
② 글쓴이가 경험한 일을 간략하게 쓴 글이다.
③ 자신의 마음을 다른 사람에게 전하는 글이다.
④ 인물의 업적이나 가치관을 알 수 있는 글이다.
⑤ 제품의 장점이나 사용 방법을 설명하는 글이다.

도움말 전기문은 인물의 생애나 업적, 언행이나 성품 등 사실을 바탕으로 쓴 글입니다.

내용 확인하기

07 유관순이 한 일로 알맞지 <u>않은</u> 것은 무엇입니까? (   )

① 고향에서 만세 운동을 준비했다.
② 3·1 운동 이후에 고향에 내려갔다.
③ 아우내 장터에서 독립 운동을 하였다.
④ 감옥에서도 계속 만세 운동을 하였다.
⑤ 만세 운동에 참여하여 총과 칼을 휘둘렀다.

08 추론하기

감옥에서도 굽히지 않았던 유관순의 뜻은 무엇일지 생각해 쓰시오.

(   )

09 사실과 의견 구별하기

이 글을 읽고 자신의 생각이나 느낌을 말한 친구의 이름을 쓰시오.

> 선호: 유관순 열사는 열여덟의 나이로 감옥에서 돌아가셨어.
> 지민: 유관순 열사는 서대문 형무소에서 모진 고문을 당하셨어.
> 유진: 목숨이 위태로운 상황에서도 자신의 신념을 굽히지 않는 모습이 대단해.

(   )

10 어휘 학습하기

다음과 같은 뜻을 가진 낱말이 무엇인지 찾아 쓰시오.

> 숨기고 있는 사실을 강제로 알아내기 위하여 육체적·정신적 고통을 주며 신문함.

(   )

11 어휘 학습하기

㉠의 뜻으로 알맞은 것을 골라 ○표를 하시오.

(1) 목숨이 끊어지다.   (   )
(2) 잘 알지 못했던 이치를 깨닫다.   (   )
(3) 남의 잘못을 알고도 모르는 체하다.   (   )

정답 바로 보기

맞힌 개수	/ 11개

펄펄 끓는 화산

관련 교과 5-1 국어 '설명하는 글 읽고 요약하기' / 4-2 과학 '화산과 지진'

확인 문제

정답과 해설 16쪽

우리가 살고 있는 지구의 지각 속 깊은 곳에는 암석이 땅속의 열에 의해 녹은 반액체 상태의 물질인 마그마가 있습니다. 마그마의 온도는 보통 1,300~1,650℃로 알려져 있으며, 수증기나 이산화 탄소, 불소, 염소 등 휘발 성분이 들어 있어 암석보다 가볍습니다. 그래서 주변 암석을 녹이며 지표면을 향해 서서히 올라옵니다. 지하에 고여 있는 마그마는 위에 있는 단단한 암석 때문에 높은 압력을 받고 있어서 지표면을 뚫고 올라오기가 쉽지 않습니다. 그런데 마그마가 서서히 올라오다 지표면의 약한 부분을 뚫고 분출하는 것이 바로 화산 폭발입니다.

이때 지표면을 뚫고 밖으로 나와 녹아 흐르는 마그마는 용암이 됩니다. 1,100℃가 넘는 용암이 밖으로 흘러나와 찬 공기를 만나면 암석이 되기도 하고 커다란 산도 만듭니다. 이렇게 생긴 산이 바로 화산입니다. 끈적끈적한 용암은 멀리 흘러가지 못하여 뾰족하고 높은 화산이 되고, 묽은 용암은 멀리까지 퍼져나가 완만하고 평평한 화산이 됩니다. 화산 꼭대기에는 움푹 팬 분화구가 생기기도 하는데, 이 분화구는 물이 고여 백두산의 천지나 한라산의 백록담과 같은 호수가 됩니다.

★ **지각**: 지구의 바깥쪽을 차지하는 부분.
★ **압력**: 수직으로 누르는 힘.
★ **분출(噴 뿜을 분, 出 날 출)하는**: 액체나 기체 상태의 물질이 솟구쳐서 뿜어져 나오는.
★ **분화구**: 화산에서 용암과 화산 가스 따위의 분출구.

01 주장이나 주제 파악하기
이 글은 무엇에 대해 설명하고 있는지 빈칸에 알맞은 말을 쓰시오.

(   )이/가 생기는 과정

02 어휘 학습하기
다음 설명에 해당하는 낱말을 찾아 쓰시오.

(1) 지표면을 뚫고 밖으로 나와 녹아 흐른 마그마: (   )
(2) 용암이 찬 공기를 만나 식어서 이룬 커다란 산: (   )
(3) 암석이 땅속의 열에 의해 녹은 반액체 상태의 물질: (   )

내용 확인하기

03 다음 그림 속 화산은 어떻게 만들어진 것인지 알맞은 설명을 골라 선으로 이으시오.

(1) 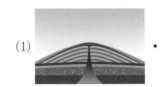 •

• ① 묽은 용암은 멀리까지 퍼져나감.

(2) 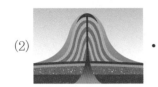 •

• ② 끈적끈적한 용암은 멀리 흘러가지 못함.

내용 요약하기

04 화산이 생기는 과정에 맞게 차례대로 기호를 쓰시오.

⑦ 마그마가 지표면을 향해 서서히 올라온다.
④ 마그마가 지표면의 약한 부분을 뚫고 분출한다.
⑤ 용암이 밖으로 흘러나와 찬 공기를 만나 식어서 커다란 산을 만든다.

(   ) → (   ) → (   )

매체 읽기

05 이 글을 읽는 방법으로 알맞은 것에 ○표를 하시오.

(1) 새로 알게 된 사실을 정리하며 읽는다.   (   )
(2) 근거가 주장을 뒷받침하는지 따져보며 읽는다.   (   )
(3) 글쓴이의 주장이 가치가 있는지 판단하며 읽는다.   (   )

도움말 이 글의 종류가 무엇인지 생각해 본 후 어떤 방법으로 읽는 것이 좋을지 적용해 봅니다.

'화산에서 살아남기'
바로 보기

보너스 강의   **화산 폭발의 징조**

무섭게 폭발하는 화산은 인간에게 많은 피해를 끼칩니다. 그렇지만 화산이 언제 폭발할지 알 수 있다면 피해를 줄일 수 있겠지요. 화산 폭발의 징조에는 어떤 것이 있는지 한번 알아볼까요?

■ 산꼭대기에서 연기가 납니다.
■ 산등성이가 부풀어 솟아오릅니다.
■ 화산재가 날아옵니다.
■ 땅이 흔들립니다.
■ 산에서 그르렁 그르렁 소리가 납니다.

㈎ 화산이 분출할 때에는 어떤 물질들이 나올까요? 화산이 분출할 때에는 기체, 액체, 고체 물질이 모두 나옵니다. 먼저 화산이 분출할 때 나오는 기체인 화산 가스는 대부분 수증기로 이루어져 있는데, 이산화 탄소, 질소, 아황산 가스, 수소, 황, 염소 등의 기체도 포함되어 있습니다. 땅속에 있던 마그마가 지표면 밖으로 흘러나온 용암은 액체입니다. 또 화산이 분출할 때 나오는 고체를 화산 쇄설물★이라고 합니다. 화산 쇄설물은 암석 조각들로, 크기가 아주 작은 화산진이나 화산재부터 크기가 비교적 큰 화산탄까지 다양합니다.

㈏ 화산 활동은 우리에게 많은 피해를 줍니다. 화산 폭발 때 흘러나온 용암은 매우 뜨겁기 때문에 마을이나 산에서는 화재가 발생하고, 용암이 지나간 자리에 있던 것은 모두 녹아 순식간에 폐허가 됩니다. 또 화산 활동은 지각에 큰 충격을 주기 때문에 지진이 일어나기도 합니다. 이 지진으로 인해 육지에서는 산사태가 발생하고 바다에서는 지진해일★이 일어나 큰 피해를 주기도 합니다. 화산 가스와 화산재는 멀리까지 퍼져 나가 대기 오염을 일으켜 호흡기에 안 좋은 영향을 주고, 기상 이변★을 일으켜 비행기의 운행에 지장을 주기도 합니다.

㈐ 그러나 화산 활동이 우리에게 피해를 주는 것만은 아닙니다. 화산 활동의 ㉠ 점도 많습니다. 먼저 화산 활동으로 만들어진 특이한 지형은 관광 상품으로 활용됩니다. 화산 폭발로 도시 전체가 사라진 폼페이를 비롯해서 백두산이나 한라산 등은 많은 관광객들이 즐겨 찾는 곳입니다. 그리고 화산 활동이 일어났던 땅속의 높은 열을 이용해 온천이나 지열 발전소를 세우기도 합니다. 또 화산 폭발 때 분출된 화산재는 오랜 시간이 지나면 땅을 기름지게 만들기 때문에 화산 지형에서는 농작물이 잘 자랍니다.

★ **쇄설물**: 자질구레한 부스러기로 이루어진 물건.

★ **지진해일**: 지진 때문에 해저에 지각 변동이 생겨서 일어나는 해일.

★ **이변(異기이할 이, 變변고 변)**: 예상하지 못한 사태나 괴이한 변고.

내용 확인하기

06 화산이 분출할 때 나오는 물질을 상태에 따라 알맞게 선으로 이으시오.

(1) 용암 •

(2) 화산 가스 •

(3) 화산 쇄설물 •

• ① 고체

• ② 액체

• ③ 기체

어휘 학습하기

07 ㉠에 들어갈 말로 알맞은 것은 무엇입니까? (   )

① 해로운   ② 이로운   ③ 즐거운   ④ 다양한   ⑤ 피곤한

08 내용 확인하기

화산 활동이 우리에게 주는 피해로 알맞지 <u>않은</u> 것은 무엇입니까? (　　　　)

① 화재가 발생한다.　　　　　　　　② 기상 이변을 일으킨다.

③ 시간이 지날수록 땅을 황폐하게 만든다.　④ 지진과 산사태가 발생한다.

⑤ 용암이 지나간 자리는 모든 것이 녹는다.

09 주장이나 주제 파악하기

글 (가)~(다)의 중심 내용을 알맞게 선으로 이으시오.

(1)　(가)　•

(2)　(나)　•

(3)　(다)　•

•①　화산 활동의 피해

•②　화산 활동의 이로운 점

•③　화산이 분출할 때 나오는 물질

10 추론하기

마을 뒤의 화산이 갑자기 폭발했을 때 주고받을 말을 알맞게 말한 친구를 모두 찾아 이름을 쓰시오.

> 유진: 화산재 때문에 땅이 비옥해져서 올해 농사가 잘 될 거야.
>
> 재훈: 뜨거운 용암 때문에 화재가 날 수 있어. 빨리 대피해야 해.
>
> 민형: 지금은 산사태 등으로 위험하지만, 폭발이 멈추면 많은 관광객들이 몰려올 거야.

(　　　　　　　　,　　　　　　　　)

11 어휘 학습하기

낱말의 관계를 생각하며 빈칸에 들어갈 알맞은 말을 쓰시오.

도움말 화산진과 화산재를 포함하는 낱말은 무엇인지 생각해 봅니다. 그리고 생각한 낱말에 포함되는 다른 낱말도 찾아 써 봅니다.

정답 바로 보기

맞힌 개수	/ 11개

키 크기에 좋은 운동, 농구!

관련 교과 5-1 국어 '구조를 생각하며 글 요약하기' / 4학년 체육 '경쟁 활동—간이농구 게임하기'

확인 문제

정답과 해설 18쪽

많은 사람들에게 사랑받는 스포츠 중의 하나인 농구는 1891년 미국의 제임스 네이스미스가 창안하였습니다. 체육 교사였던 그는 학생들이 날씨에 상관없이 실내에서 운동하는 방법을 고민하다가 농구를 생각해 냈습니다. 많은 사람들이 즐기는 농구에 대해 알아봅시다.

농구는 5명이 한 팀이 되어 3.05m 높이에 있는 바스켓에 공을 넣어 얻는 점수로 승부를 ㉠겨루는 경기입니다. 코트에 그려져 있는 3점 라인 밖에서 공을 넣으면 3점, 3점 라인을 밟거나 라인 안에서 공을 넣으면 2점, 상대팀이 반칙을 했을 때 자유투를 하여 공이 들어가면 1점이 인정됩니다.

경기 규칙은 나라나 리그에 따라 다른데, 우리나라의 농구 경기 시간은 총 40분으로 1쿼터에 10분씩 4쿼터로 진행됩니다. 무승부로 경기가 끝났을 때에는 승부가 결정될 때까지 5분씩 연장 경기를 합니다.

선수들은 팀에서 각자의 포지션에 따라 역할이 주어집니다. 포인트 가드는 팀의 작전을 지휘하기 때문에 주로 작전을 잘 이해하고 리더십이 있는 선수가 맡습니다. 슈팅 가드는 포인트 가드를 도와주며 다양한 위치에서 슛하여 득점을 합니다. 다재다능함이 요구되는 스몰 포워드는 공격과 수비를 모두 책임집니다. 센터는 골대 밑을 수비하며 골밑슛을 넣고, 파워 포워드는 센터와 함께 골밑에서 득점과 수비를 합니다.

★ **창안(創**시작할 창, **案**생각 안)**하였습니다**: 어떤 방안, 물건 따위를 처음으로 생각해 냈습니다.

★ **겨루는**: 서로 버티어 승부를 다투는.

★ **코트**: 테니스, 농구, 배구 따위의 경기를 하는 곳.

★ **쿼터**: 농구 따위의 운동 경기에서, 한 경기의 시간을 네 등분 하였을 때 그 한 부분을 세는 단위.

---

01 내용 확인하기

농구는 누가 언제 만들었는지 찾아 쓰시오.

(1) 누가: (   )   (2) 언제: (   )

---

02 어휘 학습하기

㉠과 바꾸어 쓸 수 있는 낱말을 두 가지 고르시오. (,   )

① 만드는   ② 다투는   ③ 멈추는   ④ 가리는   ⑤ 보이는

03

 내용 확인하기

농구 경기에 참여하는 한 팀의 인원수와 경기 시간으로 알맞은 것은 무엇입니까? ( )

① 3명, 10분   ② 3명, 40분   ③ 5명, 10분   ④ 5명, 20분   ⑤ 5명, 40분

도움말 2문단과 3문단에서 경기에 참여하는 인원과 경기 시간을 알 수 있습니다.

04

추론하기

다음 그림의 상황에서 바스켓에 공을 넣었을 때 인정되는 점수를 쓰시오.

(1)    (2)    (3)

( ) 점   ( ) 점   ( ) 점

05

 내용 확인하기

선수의 포지션과 그 역할을 알맞게 선으로 이으시오.

(1) 센터 •

(2) 슈팅 가드 •

(3) 포인트 가드 •

• ① 팀의 작전을 지휘함.

• ② 다양한 위치에서 슛하여 득점을 함.

• ③ 골대 밑을 수비하고 골밑슛을 넣음.

06

 추론하기

이 글을 읽고 농구에 대해 잘못 이해한 친구의 이름을 쓰시오.

소이: 센터는 키가 크고 체격이 좋은 선수가 맡는 게 좋을 것 같아.

찬영: 5분의 연장전을 했는데도 승부가 나지 않는 경우에는 무승부로 경기를 끝내야 해.

효진: 농구는 날씨에 상관 없이 실내에서 운동할 수 있어서 많은 사람들이 즐길 수 있는 거야.

( )

농구를 잘하기 위해서는 어떤 능력이 필요할까요? 농구에서 가장 기본이 되는 기술은 ㉠손으로 공을 바닥에 튕기면서 움직이는 드리블입니다. 드리블을 하지 않은 채 세 걸음 이상 이동하면 반칙입니다. 반칙을 하지 않고 공을 가지고 자유자재로 움직이기 위해서는 드리블을 잘해야 합니다. 또한 멀리 있는 선수에게 공을 던져 주거나 다른 선수가 던진 공을 놓치지 않고 받기 위해서는 ㉡공을 정확하게 주거나 받는 패스도 잘해야 합니다.

무엇보다 농구의 승부에서 가장 중요한 것은 득점입니다. 슛을 쏠 수 있는 기회가 왔을 때 득점을 할 수 있는 능력이 중요합니다. 상대팀의 득점을 막기 위해서 ㉢상대 선수의 공을 가로채는 기술과 ㉣반칙하지 않고 상대 선수의 진로를 방해하는 동작도 연습해야 합니다.

이렇게 많은 능력을 필요로 하는 농구를 하다 보면 체력이 좋아지고 근육이 균형 있게 발달하기 때문에 청소년기 학생들의 성장에 많은 도움이 됩니다. 농구는 쉼 없이 빠르게 움직여야 하므로 순발력과 민첩성을 기를 수 있습니다. 신체적인 측면 뿐 아니라 정신적인 측면의 성장에도 긍정적인 영향을 줍니다. 상대팀의 움직임을 ㉤예측하고 공격과 수비를 하는 과정에서 판단력을 기를 수 있기 때문입니다. 그리고 농구는 혼자 하는 운동이 아닙니다. 팀 선수들과 손발을 맞춰 함께 뛰어야 하므로 함께 소통하는 과정에서 협동심을 기를 수 있습니다.

쉽게 즐길 수 있는 농구!

공을 들고 나가서 친구들과 함께 도전해 봅시다. 땀 흘리며 뛰다보면 어느새 몸과 마음이 한 뼘씩 성장해 있을 것입니다.

★ **자유자재**: 거침없이 자기 마음대로 할 수 있음.
★ **순발력**: 근육이 순간적으로 빨리 수축하면서 나는 힘.
★ **민첩성**: 재빠르고 날쌘 성질.

  내용 확인하기

07 농구에서 드리블이 중요하다고 한 이유를 쓰시오.

( )

  내용 확인하기

08 다음 그림은 ㉠~㉣ 중에서 어떤 동작에 해당하는지 알맞은 기호를 쓰시오.

(1)

( )

(2)

( )

내용 확인하기

09 농구를 통해 기를 수 있는 특성이 <u>아닌</u> 것은 무엇입니까? (   )

① 판단력   ② 독립심   ③ 민첩성   ④ 협동심   ⑤ 순발력

내용 요약하기

10 「키 크기에 좋은 운동, 농구!」를 요약할 때 가장 어울리는 틀을 골라 ○표를 하시오.

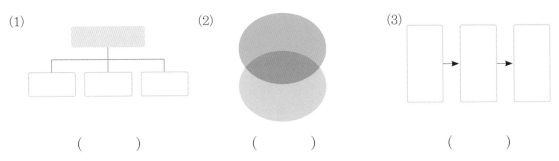

(1)   (2)   (3)

(   )   (   )   (   )

도움말 이 글은 농구에 대해 여러 가지 부분으로 나누어 설명하고 있습니다.

내용 요약하기

11 **10**번에서 고른 틀을 바탕으로 이 글 전체에서 설명하고 있는 내용을 간단하게 정리해 쓰시오.

어휘 학습하기

12 ⑩을 넣어 **보기** 와 같이 짧은 문장을 만들어 쓰시오.

보기

아무도 예측하지 못한 일이 일어났다.

(   )

건강을 지키는 발효 식품

관련 교과 6-2 과학 '생물과 우리 생활' / 6-2 실과 '건강한 식생활의 실천'

확인 문제

정답과 해설 20쪽

발효는 효모나 세균 같은 미생물이 유기물을 분해하거나 변화시키는 작용으로, 생활에 [㉠] 물질을 만들어 내는 현상입니다. 발효 식품으로는 김치, 된장, 치즈, 요구르트, 빵, 포도주 등이 있습니다.

김치와 된장은 우리나라의 전통 발효 식품으로, 김치의 발효는 소금, 고춧가루, 젓갈과 관련 있습니다. 김치의 주재료인 배추를 절일 때 소금은 미생물의 생육을 억제해 주고, 고춧가루는 유산균의 생육을 촉진시켜 발효에 도움을 줍니다. 게다가 젓갈에 들어 있는 단백질이 분해되면서 생기는 성분이 숙성을 촉진시켜 맛있는 김치가 됩니다. 그리고 콩을 발효시켜 만드는 된장은 메주를 만들 때 사용하는 짚에 들어 있는 고초균에 의해 1차 발효가, 메주를 소금물에 담글 때 고초균과 유산균에 의해 2차 발효가 이루어집니다. 이 과정을 통해 된장은 더 깊고 구수한 맛을 냅니다.

치즈와 요구르트는 서양의 대표 발효 식품으로, 우유를 발효시켜 만듭니다. 치즈는 우유 속에 있는 카세인을 뽑아 응고 및 발효시켜 만들고, 요구르트는 우유에 유산균을 넣어 발효시켜 만듭니다. 한편 빵은 밀가루를 주원료로 하여 소금, 설탕, 버터, 효모 등을 섞은 반죽을 발효한 뒤에 불에 굽거나 찐 음식이며, 포도주는 포도즙을 발효시켜 만든 술입니다.

★ 효모(酵삭힐 효, 母어머니 모): 발효를 일으키는 효모균으로 빵효모, 알코올 효모 등이 있음.
★ 생육: 생물이 나서 길러짐.

01 내용 확인하기

발효 식품을 두 가지 고르시오. (,   )

① 김치   ② 배추   ③ 포도   ④ 우유   ⑤ 치즈

02 내용 확인하기

김치와 요구르트에 공통으로 들어 있는 균의 이름은 무엇인지 쓰시오.

(   )

03

발효 과정에 대한 설명으로 알맞은 것을 골라 ○표를 하시오.

2주차 4일
공부한 날
월 일

(1) 음식 재료에 들어 있는 미생물이 음식을 부패시키는 과정이다. (　　　　)

(2) 음식 재료에 들어 있는 미생물이 세균을 만들어 내는 과정이다. (　　　　)

(3) 음식 재료에 들어 있는 미생물이 유기물을 변화시키는 과정이다. (　　　　)

도움말 부패와 발효 모두 음식 재료에 들어 있는 미생물이 유기물을 분해하는 과정에서 나타나는 것이지만, 발효는 건강에 좋은
물질을 만들어 내는 한편 부패는 불쾌한 냄새나 맛을 갖는 물질을 만들어 냅니다.

04

발효 식품을 다음과 같이 분류한 기준을 생각해 쓰시오.

김치, 된장, 치즈, 요구르트, 빵, 포도주

| 김치, 된장 | 치즈, 요구르트, 빵, 포도주 |

• 분류 기준: (　　　　　　　　　　　　　　　　　　　　　　　　　　　　　)

05

㉠에 들어갈 낱말로 알맞지 <u>않은</u> 것은 무엇입니까? (　　　　)

① 유용한　　　　② 유익한　　　　③ 해로운　　　　④ 이로운　　　　⑤ 쓸모 있는

'우리나라와 외국의 발효 식품 구분하기'
바로 보기

보너스 강의　　**발효 식품의 발달**

김치와 피클, 된장과 낫또, 막걸리와 와인의
공통점은 무엇일까요? 모두 발효 식품입니다.
발효 식품에 대해 좀 더 자세히 알아볼까요?

　　발효 식품이 발달한 나라들은 대부분 계절의 구분이 뚜렷합니다.
이는 특정한 식재료를 구할 수 있는 시기가 정해져 있다는 것입니다.
그래서 수확을 안 하는 시기에도 음식을 섭취하기 위해서 오래 보관
할 수 있는 발효 식품이 발달한 것입니다. 발효 식품을 오래 두고 먹
으려면 공기와의 접촉을 피하는 것이 중요합니다. 발효 과정에서 공
기와 접촉을 많이 하게 되면, 발효 과정이 지나서 부패되기 때문입니
다. 담근 김치를 보관 통에 꾹꾹 눌러 담고, 요구르트나 피클을 만들
고 난 후 통을 밀폐하는 것도 모두 공기와의 접촉을 최소화하기 위해
서입니다.

발효 식품은 맛이 좋을 뿐만 아니라 건강에도 많은 도움을 줍니다.

김치에 많이 들어 있는 유산균은 우리 몸에 해로운 균의 번식을 막아 면역력을 높여 줍니다. 그리고 풍부한 식이 섬유는 장운동을 활발하게 해 주고, 소화 흡수를 증진시켜 변비와 대장암 예방에 도움을 줍니다. 또한 고춧가루에 들어 있는 캡사이신은 신진대사를 활발하게 해 주어 체지방을 감소시키는 데에 도움을 줍니다.

된장의 경우 발효가 오래되면 될수록 콩의 이소플라본이라는 항암 성분이 증가합니다. 이소플라본은 항암ㆍ항균 작용을 하여 암을 예방하고, 콜레스테롤 수치를 낮춰 주어 고혈압을 예방하기도 합니다. 그리고 된장에 들어 있는 필수 지방산이 피부병이나 혈관 질환을 예방하고 간과 뇌를 건강하게 유지시켜 주는 데 도움을 줍니다.

오래 사는 사람들이 많다고 알려진 나라인 불가리아 사람들에게 장수의 비결을 물어보면 요구르트를 즐겨먹는 것이라고 말합니다. 요구르트에 많이 들어 있는 유산균은 장 속에 살면서 유해한 세균을 물리치는 성질이 있어 음식물의 소화를 도와주고 변비를 예방하여 다른 질병에 잘 걸리지 않게 합니다. 그리고 요구르트를 통해 칼슘을 섭취하면 다른 음식보다 흡수율이 높아 뼈가 튼튼해지는 데 도움을 줍니다.

또 적당한 양의 포도주를 마시는 것은 긴장을 풀어 주고 심혈관 질환을 예방하는 효과가 있습니다. 포도주에 포함되어 있는 항산화 작용을 하는 폴리페놀이라는 성분은 노화를 방지하는 효과도 있다고 합니다.

★ **신진대사**: 생명의 유지를 위해 영양분을 섭취하고 필요 없는 물질은 걸러서 배출해 내는 과정.
★ **비결(祕**숨길 비, **訣**비결 결): 세상에 알려져 있지 않은 자기만의 뛰어난 방법.

주장이나 주제 파악하기

06 이 글은 무엇에 대해 설명하고 있습니까? (   )

① 발효 식품의 맛
② 발효 식품의 유래
③ 발효 식품과 건강
④ 발효 식품 만드는 법
⑤ 발효 식품에 숨겨진 과학

내용 확인하기

07 발효 식품과 그 속에 들어 있는 성분을 알맞게 선으로 이으시오.

(1) 된장 •
(2) 김치 •
(3) 포도주 •

• ① 폴리페놀
• ② 캡사이신
• ③ 이소플라본

내용 확인하기

08 김치의 효능으로 볼 수 <u>없는</u> 것은 무엇입니까? (   )

① 면역력을 높여준다.
② 심혈관 질환을 예방한다.
③ 변비와 대장암을 예방한다.
④ 장운동을 활발하게 해 준다.
⑤ 신진대사를 잘 되게 해 준다.

도움말 '심혈관 질환'은 심장과 주요 동맥에 발생하는 질환을 말합니다. 심혈관 질환을 예방하는 식품을 찾아봅니다.

사실과 의견 구별하기

09 다음은 글을 읽고 만든 질문 중에서 무엇에 해당하는지 **보기** 에서 골라 기호를 쓰시오.

> **보기**
>
> ㉮ 글 내용을 확인하는 질문   ㉯ 자신의 생각을 묻는 질문

(1) 좋아하는 발효 식품에는 무엇이 있나요?   (   )
(2) 유산균이 우리 몸에서 하는 일은 무엇일까요?   (   )

어휘 학습하기

10 다음을 보고 밑줄 친 부분의 뜻으로 알맞은 것을 골라 ○표를 하시오.

> • 항암: 암세포의 증식을 억제하거나 암세포를 죽임.
> • 항균: 균에 저항함.
> • 항산화: 산화가 진행되는 것을 억제하거나 완화함.

(1) 어떤 것과 맞서 싸운다는 뜻이다.   (   )
(2) 어떤 것의 힘에 눌려 굴복한다는 뜻이다.   (   )
(3) 어떤 것을 자기 마음대로 다스린다는 뜻이다. (   )

어휘 학습하기

11 다음 중에서 의미가 다른 낱말끼리 짝지어진 것은 무엇입니까? (   )

① 감소 – 유지
② 증가 – 증진
③ 예방 – 방지
④ 질병 – 질환
⑤ 해로운 – 유해한

정답 바로 보기

맞힌 개수	/ 11개

노란 민들레와 해바라기

관련 교과 6-1 국어 '짜임새 있게 구성해요' / 4-2 과학 '식물의 생활'

확인 문제

정답과 해설 22쪽

　　노란 꽃을 피우는 민들레는 국화과의 여러해살이풀입니다. 민들레는 종류가 1,000여 가지인데 우리나라의 토종 민들레로는 민들레, 흰민들레, 좀민들레 등이 있습니다. 하지만 최근에는 외국에서 들어온 서양 민들레가 많은데, 도시에서 흔히 볼 수 있는 민들레는 대부분 서양 민들레입니다.

　　토종 민들레와 서양 민들레는 꽃받침의 모양으로 구별할 수 있습니다. 토종 민들레의 꽃받침은 바로 서 있고, 서양 민들레의 꽃받침은 아래로 젖혀져 있습니다. 토종 민들레는 봄에 꽃이 피고, 서양 민들레는 가을에도 꽃이 핍니다.

　　민들레의 뿌리는 길고 곧게 자라는데 줄기가 없이 뿌리에서 바로 톱니 모양의 잎이 나옵니다. 잎은 땅에 붙어 사방으로 자라고 꽃이 필 때 나오는 꽃대에는 잎이 없습니다. 꽃은 200여 개의 작은 꽃이 모여 겹쳐 있어서 한 송이처럼 보입니다.

　　민들레는 약재로도 사용됩니다. 햇볕에 말린 잎과 뿌리는 차로 마시면 좋습니다. 민들레는 위와 간을 튼튼하게 하고 아픈 배를 진정시키는 효과가 있습니다. 또 열을 내리고 소변을 잘 보게 하는 효과도 있습니다.

　　민들레는 [㉠]에 사용하기도 합니다. 어린 잎으로 나물이나 국을 만들고 뿌리는 장아찌나 김치를 만들 때 사용합니다. 유럽에서는 민들레 잎으로 샐러드를 만들어 먹습니다.

★ **여러해살이풀**: 겨울에는 땅 위의 부분이 죽어도 봄이 되면 다시 싹이 돋아나는 풀.

★ **토종(土흙 토, 種씨 종)**: 본디부터 그곳에서 나는 동물이나 식물 따위의 종자.

★ **톱니**: 톱날의 뾰족뾰족한 부분.

★ **진정시키는**: 격앙된 감정이나 아픔 따위를 가라앉히는.

주장이나 주제 파악하기

01 이 글에서 설명하는 대상은 무엇인지 골라 ○표를 하시오.

(1)

(　　　)

(2)

(　　　)

(3)

(　　　)

02 【내용 확인하기】
민들레로 장아찌나 김치를 만들 때 사용하는 부분은 어디인지 쓰시오.

(   )

【도움말】 민들레의 어린 잎은 나물이나 국, 샐러드에 쓰입니다.

03 【내용 확인하기】
민들레의 특징을 알맞게 설명한 것은 무엇입니까? (   )

① 꽃의 색깔: 보라색 꽃이 핀다.
② 꽃이 피는 시기: 겨울에 핀다.
③ 잎의 특징: 둥근 잎이 줄기에 붙어 있다.
④ 민들레의 쓰임: 약재나 요리 재료로 쓰인다.
⑤ 뿌리의 특징: 잔털이 많고 옆으로 퍼져 있다.

04 【내용 확인하기】
민들레의 효능으로 알맞지 <u>않은</u> 것은 무엇입니까? (   )

① 열을 내리게 한다.   ② 기억력을 좋게 한다.
③ 소변을 잘 보게 한다.   ④ 아픈 배를 진정시킨다.
⑤ 위와 간을 튼튼하게 한다.

05 【추론하기】
㉠에 들어갈 알맞은 말은 무엇입니까? (   )

① 강연   ② 공연
③ 연주   ④ 요리
⑤ 운동

06 【어휘 학습하기】
다음 낱말 중에서 나머지를 포함하는 낱말은 무엇입니까? (   )

① 꽃   ② 잎
③ 식물   ④ 줄기
⑤ 뿌리

고흐의 그림으로 유명한 노란 꽃 해바라기는 국화과의 한해살이풀인데, 원산지는 중앙아메리카입니다. 페루의 국화이기도 한 해바라기는 콜럼버스가 아메리카 대륙을 발견한 후 유럽에 알려졌으며 '태양의 꽃', '황금꽃'이라고 불렸습니다.

㉠해바라기는 아무 곳에서나 잘 자라고 꽃이 피기 전까지 어린 시기에는 태양의 움직임을 따라 줄기의 끝이 같이 움직입니다. 해바라기는 보통 2m가 넘게 자라고 전체적으로 억센 털이 나 있으며, 지름이 8~60cm 정도가 되는 꽃이 핍니다. 잎은 어긋나게 나는데 매우 넓고 끝은 뾰족하며 가장자리는 톱니 모양입니다.

㉡해바라기의 바깥쪽 둘레에는 혀처럼 생긴 노란 꽃이 빙 둘러 나 있고, 안쪽에는 대롱 모양의 수많은 갈색 통꽃이 촘촘하게 나 있습니다. 해바라기의 꽃은 8~9월에 피는데 줄기 끝이나 가지 끝에 핍니다. 가을철에 꽃이 지기 시작하면 열매가 맺히기 시작합니다. 한 송이의 해바라기 꽃에서는 2천여 개의 열매를 얻을 수 있는데 다 익은 해바라기씨는 줄기가 흔들릴 때마다 조금씩 떨어져서 흩어집니다. 땅에 떨어진 해바라기씨는 ㉮두꺼운 껍질로 추운 겨울을 견디고 다음 해에 꽃을 피웁니다.

㉢해바라기씨는 단백질이 풍부하고 고급 지방이 들어 있어 기름을 짜서 먹기도 하고 그대로 먹기도 합니다. 또 배변 활동을 도와주고 두통이나 소화 불량에 효과가 있고 심장을 튼튼하게 해 줍니다. 다양한 영양소도 풍부하게 들어 있어 두뇌 발달이나 치매, 노화 예방에 도움을 줍니다. 해바라기의 줄기 속은 이뇨와 지혈 등에 효과가 있어 약재로도 쓰입니다.

★ **원산지**: 동식물이 맨 처음 자라난 곳.
★ **국화(國나라 국, 花꽃 화)**: 한 나라를 상징하는 꽃.
★ **이뇨**: 오줌을 잘 나오게 함.

내용 확인하기

07 페루의 국화는 무엇인지 찾아 쓰시오.

(   )

내용 확인하기

08 해바라기에 대한 설명으로 알맞지 <u>않은</u> 것은 무엇입니까? (   )

① 키가 크다.

② 꽃이 크다.

③ 잎이 좁고 길쭉하다.

④ 원산지는 중앙아메리카이다.

⑤ 씨에 영양소가 풍부하게 들어 있다.

내용 확인하기

09 ㉠~㉢ 중에서 '해바라기'라는 이름이 붙여진 이유를 찾아 기호를 쓰시오.

(   )

도움말 해바라기라는 이름에는 '꽃이 해를 향해 핀다.'라는 뜻을 담고 있습니다.

매체 읽기

10 민들레와 해바라기의 공통점으로 알맞은 것은 무엇입니까? (   )

① 억센 털이 있다.
② 한해살이풀이다.
③ 여름에 꽃이 핀다.
④ 씨는 기름을 짠다.
⑤ 약재로도 사용된다.

내용 요약하기

11 해바라기씨의 효능을 정리한 것입니다. 더 추가할 수 있는 내용을 찾아 쓰시오.

> • 배변 활동을 도와준다.
> • 두통이나 소화 불량에 효과가 있다.
> • 치매나 노화를 예방해 준다.

(   )

어휘 학습하기

12 ㉤와 뜻이 반대되는 말은 무엇입니까? (   )

① 둥근   ② 약한   ③ 얇은
④ 작은   ⑤ 단단한

정답 바로 보기

맞힌 개수   / 12개

다음 뜻을 가진 낱말을 보기 에서 찾아 쓰세요.

① 수직으로 누르는 힘.

② 생물이 나서 길러짐.

③ 근육이 순간적으로 빨리 수축하면서 나는 힘.

④ 겨울에는 땅 위의 부분이 죽어도 봄이 되면 다시 싹이 돋아나는 풀.

⑤ 숨기고 있는 사실을 강제로 알아내기 위하여 육체적 · 정신적 고통을 주며 신문함.

보기

고문 　　 생육 　　 압력 　　 순발력 　　 여러해살이풀

3주차

1일 향기로운 풀 허브

2일 인터넷 신조어, 이대로 사용해도 좋은가?

3일 태양계가 궁금해요

4일 소나무와 잣나무

5일 한옥에 담긴 조상의 슬기

향기로운 풀 허브

관련 교과 6-1 국어 '짜임새 있게 구성해요' / 6-2 과학 '식물의 구조와 기능'

확인 문제

정답과 해설 26쪽

허브는 예로부터 약이나 향료로 써 온 식물로, 푸른 풀이라는 뜻을 가진 허바(Herba)라는 말에서 유래된 이름입니다. 옛날 그리스 학자 테오프라스토스가 처음으로 허브라는 말을 사용하였는데 그 이후로 지금까지 허브라고 부르고 있습니다. 허브의 종류는 매우 다양해서 라벤더, 로즈메리, 바질 등이 많이 알려져 있지만 미나리나 쑥, 생강과 같은 동양의 허브도 있습니다. 또 허브는 전 세계적으로 음식, 약, 향료 등으로 사용하고 있습니다.

고대 이집트에서는 허브가 부패를 막는 데 효과가 있다는 것을 알고 여러 가지 허브를 사용해 미라를 만들었다고 합니다. 멕시코를 식민지로 만든 스페인 사람들은 인디언들이 허브를 사용하는 것을 보고 유럽 사람들에게 허브 기르는 방법을 전하기도 하였습니다.

최근에는 허브를 관상용이나 요리용 뿐만 아니라 치료용으로도 사용합니다. ㉠허브를 이용해 지친 몸과 마음을 나아지게 하는 방법을 아로마테라피라고 하는데, 아로마테라피에 사용하는 허브에서 추출한 에센셜 오일은 면역력을 높이고 우리 몸의 세포 재생을 돕는 효과가 있다고 합니다.

★ **향료(香향기 향, 料거리 료):** 향기를 내는 데 쓰는 물질.

★ **관상용:** 두고 보면서 즐기는 데 씀.

★ **추출한:** 고체 또는 액체의 혼합물에 용매를 가하여 혼합물 속의 어떤 물질을 용매에 녹여 뽑아낸.

★ **면역력:** 외부에서 들어온 병원균에 저항하는 힘.

주장이나 주제 파악하기

01 이 글의 중심 내용은 무엇입니까? (   )

① 허브의 쓰임　　　② 허브의 생김새　　　③ 허브에 관한 책
④ 허브를 기르는 방법　　　⑤ 허브와 비슷한 식물

내용 확인하기

02 동양의 허브에 속하는 것은 무엇인지 골라 ○표를 하시오.

| 라벤더 | 바질 | 미나리 | 로즈메리 |

도움말 우리 음식에서 쉽게 볼 수 있는 것은 무엇인지 생각해 봅니다.

3 <u>내용 확인하기</u>

고대 이집트에서는 허브를 언제 사용하였는지 쓰시오.

(   )

04 <u>내용 확인하기</u>

허브를 사용해 지친 몸과 마음을 나아지게 하는 방법을 무엇이라고 하는지 쓰시오.

(   )

5 <u>추론하기</u>

이 글을 읽고 더 알고 싶은 내용을 알맞게 말한 친구의 이름을 쓰시오.

> 유림: 허브라는 이름을 누가 처음 사용했는지 궁금해.
> 성호: 허브의 종류마다 어떤 특징이 있는지 알고 싶어.
> 민수: 허브를 키운 적이 있는데 좋은 경험이 된 거 같아.

(   )

06 <u>어휘 학습하기</u>

다음과 같은 뜻을 가진 낱말은 무엇인지 ㉠에서 찾아 쓰시오.

> 외부에서 들어온 병원균에 저항하는 힘.

(   )

'허브의 종류'
바로 보기

보너스 강의 여러 가지 허브

 여러 가지 허브의 종류를 알아볼까요?

민트

타임

스테비아

레몬 버베나

라벤더

바질

오레가노

로즈메리

샤프란

파슬리

허브의 맛과 향은 음식에 더해져 음식의 풍미를 더욱 좋게 해 주고, 육류나 생선류, 해물류의 냄새를 제거해 줍니다. 또 음식의 향과 맛뿐만 아니라 건강에도 좋습니다.

허브는 종류에 따라 특징이나 쓰임이 다릅니다.

쉽게 기를 수 있는 허브로 잘 알려진 바질은 칼슘, 철분 등이 풍부하며, 향이 강해서 손으로 만지면 향기가 오래 남는 로즈메리는 주로 육류나 생선 요리에 많이 사용합니다. 곱슬곱슬하게 생긴 파슬리도 요리에 많이 사용하는데 오랜 시간 가열하면 향이 사라집니다.

레몬밤은 상큼한 레몬 향기가 나는 허브로 통증을 줄이는 데 효과가 있습니다. 레몬그라스도 레몬 향기가 나는데 소화 촉진 기능이 있습니다. 불면증과 여드름에 효과가 있는 캐모마일은 자기 전에 마시는 것이 좋습니다.

민트 중에서는 페퍼민트가 많이 알려져 있습니다. 페퍼민트는 상쾌한 향이 나서 치약에 많이 쓰이는데, 감기에도 효과가 있습니다. ⓐ ⓒ 향이 나는 파인애플민트도 소화 불량이나 감기에 좋습니다. 타임은 목의 통증과 기관지염에 효과가 있고, 재스민은 꽃을 말려서 차로 마시는데 목소리가 쉬었을 때나 우울한 마음이 들 때 마시면 좋습니다.

이와 같은 특징이 있는 허브로 허브 소금을 만들어 두면 요리에 쉽게 활용할 수 있습니다. 이때 말린 허브가 없을 경우에는 생허브를 사용해도 됩니다. 먼저 허브를 잘게 썰어 천일염, 통후추와 함께 절구에 넣고 ⓒ 찧습니다. 찧은 것을 프라이팬에 넣고 마늘 분말을 섞어 약한 불에 살짝 볶아 주고 식히면 허브 소금이 완성됩니다. 식힌 허브 소금은 용기에 담아 뚜껑을 닫고 서늘한 곳에 보관하였다가 음식을 만들 때 사용하면 허브를 넣은 요리를 쉽게 할 수 있습니다.

★ **풍미(風바람 풍, 味맛 미)**: 음식의 고상한 맛.
★ **촉진**: 다그쳐 빨리 나아가게 함.
★ **불면증**: 밤에 잠을 자지 못하는 상태가 지속되는 증세.

내용 확인하기

07 허브를 육류, 생선류, 해물류의 요리에 넣는 까닭을 찾아 쓰시오.

( )

추론하기

08 ㉠에 들어갈 알맞은 말은 무엇이겠습니까? ( )

① 레몬 ② 사과 ③ 장미
④ 포도 ⑤ 파인애플

도움말 '파인애플민트'라는 이름에서 어떤 향이 날지 추론하여 봅니다.

내용 확인하기

09 허브의 특징에 알맞게 선으로 이으시오.

(1) 타임 •

(2) 페퍼민트 •

(3) 캐모마일 •

• ① 치약에 많이 쓰인다.

• ② 불면증에 효과가 있다.

• ③ 목의 통증이나 기관지염에 효과가 있다.

내용 요약하기

10 로즈메리로 허브 소금을 만드는 방법을 정리한 것입니다. 빈칸에 들어갈 알맞은 내용을 쓰시오.

① 로즈메리를 잘게 썬다.
② 절구에 로즈메리와 천일염, 통후추를 넣고 찧는다.
③ 찧은 재료를 프라이팬에 넣고 마늘 분말을 섞어 약한 불에 살짝 볶는다.
④ ⬚
⑤ 허브 소금을 용기에 담아 뚜껑을 닫고 서늘한 곳에 보관한다.

( )

매체 읽기

11 이와 같은 글을 읽을 때 주의할 점으로 알맞은 것은 무엇입니까? ( )

① 중심 내용을 파악하며 읽는다.
② 감동적인 부분을 찾으며 읽는다.
③ 글쓴이의 마음을 생각하며 읽는다.
④ 글쓴이의 주장을 파악하며 읽는다.
⑤ 일이 일어난 순서를 파악하며 읽는다.

어휘 학습하기

12 ㉡과 비슷한 말은 무엇입니까? ( )

① 썹니다   ② 찧니다   ③ 삶습니다
④ 빻습니다   ⑤ 볶습니다

정답 바로 보기

맞힌 개수	/ 12개

인터넷 신조어, 이대로 사용해도 좋은가?

확인 문제

정답과 해설 28쪽

"안물안궁!"

"지못미……."

어느 나라 말일까요? 한글로 쓰여 있으니 우리나라 말인 듯한데, 무슨 뜻일까요? '안물안궁'은 '안 물어보았고 안 궁금하다.', '지못미'는 '지켜 주지 못해서 미안해.'라는 뜻의 줄임말입니다. 이렇게 인터넷에서 새로 만들어져 유행하거나 사용하고 있는 말들을 인터넷 신조어라고 합니다. 인터넷 신조어에는 몇 가지 공통된 특징이 있습니다. 그 특징에 대해 자세히 살펴볼까요?

먼저 인터넷 신소어는 말을 줄여 표현하는 경우가 많습니다. 인터넷에서는 말을 표현하는 속도가 중요하기 때문에 될 수 있으면 짧게 줄여 쓰려고 합니다. 그래서 '안물안궁', '지못미'처럼 줄여서 표현하는 낱말이 많습니다.

둘째, 인터넷 신조어는 일부 누리꾼들을 중심으로 사용되기 때문에 일반인들은 그 의미를 이해하기가 어렵습니다. 특히, 기성세대는 인터넷 신조어를 듣고 그 의미를 짐작하지 못해 의사소통에 어려움을 경험하기도 합니다.

셋째, 인터넷 신조어는 알파벳, 특수 문자, 한글 자모 등 컴퓨터에서 표현할 수 있는 것이면 무엇이든 끌어다 조합하고 뒤틀어 표현하기 때문에 한글 파괴, 언어 파괴의 문제를 일으킵니다. '롬곡옾눞'이란 말은 '폭풍눈물'을 뒤집어서 표현한 것인데, 심각한 한글 파괴의 예입니다.

★ **신조어(新**새 신, **造**지을 조, **語**말 어)**: 새로 생긴 말.

★ **누리꾼**: 사이버 공간에서 활동하는 사람.

★ **기성세대**: 현재 사회를 이끌어 가는 나이가 든 세대.

★ **조합(組**짤 조, **合**합할 합)**하고**: 여럿을 한데 모아 한 덩어리로 짜고.

주장이나 주제 파악하기

01 이 글은 무엇에 대해 설명하고 있는지 알맞은 것을 두 가지 고르시오. (,   )

① 인터넷 신조어의 뜻

② 인터넷 신조어의 특징

③ 인터넷 신조어의 변화

④ 인터넷 신조어를 사용하는 지역

⑤ 바람직한 인터넷 신조어 사용의 예

02 내용 확인하기

인터넷 신조어에 대해 바르게 설명한 것은 무엇입니까? (   )

① 새롭게 만들어진 말　　　　　　　② 무조건 짧게 줄인 말

③ 인터넷을 사용하는 데 꼭 필요한 말　　④ 일상에서는 쓰지 않고 인터넷에서만 쓰는 말

⑤ 인터넷에서 새로 만들어져 유행하거나 사용하고 있는 말들

도움말 '신조어'가 아니라 '인터넷 신조어'에 대해 바르게 설명하고 있는 것을 찾아봅니다.

03 내용 확인하기

다음 뜻을 나타내는 인터넷 신조어를 찾아 쓰시오.

(1) 지켜 주지 못해서 미안하다. : (   )

(2) 안 물어보았고, 안 궁금하다. : (   )

04 내용 요약하기

인터넷 신조어의 특징을 요약하여 빈칸에 들어갈 알맞은 말을 쓰시오.

(1) 말을 (   ) 표현하는 경우가 많다.

(2) 일반인들은 그 의미를 이해하기 (   ).

(3) (   ), 언어 파괴의 문제를 일으킨다.

05 추론하기

다음 상황에서 아버지의 마음은 어떠할지 추측해 쓰시오.

> 아버지: 요즘 아빠가 무슨 책 읽고 있는지 궁금하지 않니?
>
> 수민: 안물안궁해요.
>
> 아버지: 뭐? 안물안궁? 그런 책 아닌데……

(   )

06 어휘 학습하기

다음 낱말과 뜻이 비슷한 낱말은 무엇입니까? (   )

> 네티즌

① 시민　　　② 국민　　　③ 누리꾼　　　④ 구경꾼　　　⑤ 훼방꾼

사회자: '인터넷 신조어, 이대로 사용해도 좋은가?'에 대해 토론하겠습니다. 찬성과 반대의 의견을 말씀해 주시기 바랍니다.

박시윤: 저는 인터넷 신조어 사용에 찬성합니다. 인터넷 신조어를 사용하면 빠르고 편리하게 대화를 주고받을 수 있습니다. 특히 인터넷 신조어에는 줄임말이 많은데, 줄임말을 사용하면 글자를 입력하는 데 시간이 덜 걸려서 SNS 등에서 빠르게 자신의 생각을 주고받을 수 있습니다.

천유림: 저는 인터넷 신조어 사용에 반대합니다. 인터넷 신조어는 한글을 파괴하고 아름다운 한글을 망칩니다. '커엽다'라는 말은 '커'가 '귀'와 닮아서 '귀엽다'의 뜻으로 인터넷에서 쓰이고 있는데, 이런 인터넷 신조어는 한글을 파괴하는 것이기 때문에 사용해선 안 된다고 생각합니다.

이지안: 저는 인터넷 신조어 사용에 찬성합니다. 인터넷 신조어는 우리말을 더욱 ★풍요롭게 합니다. 언어는 새롭게 만들어지기도 하고 사라지기도 하기 때문에 새로운 말을 만들어서 쓰는 것은 자연스러운 일입니다. 그래서 인터넷 신조어를 무조건 나쁘다고 판단해서는 안 됩니다. '세상에서 제일 예쁘다.'라는 뜻의 '세젤예'의 ★탄생은 우리말을 풍요롭게 한 예입니다.

김규영: 저는 인터넷 신조어의 사용이 세대 간의 대화를 ★단절시키기 때문에 좋지 않다고 생각합니다. 인터넷 신조어는 주로 젊은 층에서 사용합니다. 젊은 층이 쓰는 말을 이해하지 못하는 어른들은 젊은이들과 대화하는 데 어려움을 느낄 것입니다. 지나치게 줄여 쓰고, 뜻을 알기 어려운 인터넷 신조어들이 세대 간의 의사소통을 가로막고 있습니다.

★ **풍요롭게**: 흠뻑 많아서 넉넉함이 있게.
★ **탄생(誕낳을 탄, 生날 생)**: 조직, 제도, 사업체 따위가 새로 생김.
★ **단절시키기**: 유대나 연관 관계를 끊어지게 하기.

07 주장이나 주제 파악하기

토론 주제는 무엇입니까? (   )

① 인터넷 신조어의 뜻을 알아보자.
② 인터넷 신조어를 바르게 사용하자.
③ 인터넷 신조어의 특징은 무엇인가?
④ 인터넷 신조어의 사용을 어떻게 규제할까?
⑤ 인터넷 신조어, 이대로 사용해도 좋은가?

08 내용 확인하기

주장이 같은 사람끼리 바르게 짝지어진 것을 두 가지 고르시오. (,   )

① 박시윤, 천유림
② 박시윤, 이지안
③ 천유림, 이지안
④ 천유림, 김규영
⑤ 박시윤, 김규영

도움말 찬성하는 사람과 반대하는 사람을 나누어 봅니다.

09 내용 요약하기
박시윤 학생의 주장과 근거를 정리해 쓰시오.

(1) 주장: (　　　　　　　　　　　　　　　　　　　　　　　　　)
(2) 근거: (　　　　　　　　　　　　　　　　　　　　　　　　　)

10 근거의 타당성 판단하기
인터넷 신조어 사용에 반대하는 학생들이 든 근거를 두 가지 고르시오. (　　 , 　　)

① 인터넷 신조어를 사용하면 재미가 있다.
② 인터넷 신조어는 우리말을 더욱 풍요롭게 한다.
③ 인터넷 신조어 사용은 세대 간의 대화를 단절시킨다.
④ 인터넷 신조어는 한글을 파괴하고 아름다운 한글을 망친다.
⑤ 인터넷 신조어를 사용하면 빠르고 편리하게 의사소통할 수 있다.

11 매체 읽기
인터넷 신조어 사용에 대한 자신의 주장과 근거를 생각하여 정리해 쓰시오.

(1) 주장: (　　　　　　　　　　　　　　　　　　　　　　　　　)
(2) 근거: (　　　　　　　　　　　　　　　　　　　　　　　　　)

12 어휘 학습하기
이 글에 나온 낱말과 그 뜻을 알맞게 선으로 이으시오.

(1) 풍요롭다 ・ 　　 ・① 흠뻑 많아서 넉넉함이 있다.

(2) 단절시키다 ・ 　　 ・② 유대나 연관 관계를 끊어지게 하다.

정답 바로 보기

맞힌 개수	/ 12개

태양계가 궁금해요

확인 문제

정답과 해설 **30**쪽

태양계에 있는 항성과 행성의 차이점을 알고 있나요? 항성은 자리를 바꾸지 않고 별자리를 구성하는 별로 몇 억 개나 됩니다. 우리가 확실하게 알고 있는 항성은 태양입니다. 태양은 지구에서 가장 가까운 항성으로 지구로부터 약 1억 5천만km 떨어져 있으며, 지름이 약 140만km로 지구의 약 109배나 됩니다. 태양은 수소가 타서 헬륨이 되는 핵융합 반응을 통해 스스로 빛을 내며 에너지를 만듭니다. 태양이 만들고 있는 에너지 때문에 지구의 식물들은 산소를 만들어 내서 광합성을 할 수 있습니다. 또 태양열 때문에 대류 현상이 일어나 비도 내리고 물을 얻을 수 있습니다. 태양은 태양계에서 중심 역할을 하고 있지만 우주에는 태양보다 더 큰 별들이 많이 존재하고 있기 때문에 우주에 있는 다른 별들과 비교하면 지극히 평범한 별이랍니다.

그렇다면 행성은 무엇일까요? 행성은 스스로 빛을 내지 못하고 중심 별의 강한 인력의 영향으로 중심 별의 주위를 도는 천체를 말합니다. 행성이 되기 위해서는 표면이 단단해야 하며 구의 형태여야 합니다. 태양계 안에는 수성, 금성, 지구, 화성, 목성, 토성, 천왕성, 해왕성 등 8개의 행성이 있으며, 각 행성은 태양의 둘레를 공전하고 있습니다.

★ **태양계**: 태양과 그것을 중심으로 공전하는 천체의 집합.

★ **인력(引끌 인, 力힘 력)**: 공간적으로 떨어져 있는 물체끼리 서로 끌어당기는 힘.

★ **천체(天하늘 천, 體물체 체)**: 우주에 존재하는 모든 물체. 항성, 행성, 위성, 혜성 따위를 통틀어 이르는 말.

★ **공전하고**: 행성이 태양의 둘레를 돌거나 위성이 행성의 둘레를 돌고.

01 **주장이나 주제 파악하기**

이 글의 제목으로 어울리는 것은 무엇입니까? (   )

① 태양의 특징　　　　② 항성과 행성　　　　③ 행성이 생겨난 까닭
④ 행성의 크기 비교　　⑤ 태양계의 여러 행성

02 **내용 확인하기**

다음 중에서 항성인 것을 골라 ○표를 하시오.

| 금성 | 태양 | 지구 | 화성 | 목성 | 천왕성 |

내용 확인하기

03 태양이 스스로 빛을 낼 수 있는 까닭은 무엇입니까? (   )

① 대기가 건조하기 때문에

② 핵융합 반응을 하기 때문에

③ 크기와 질량이 크기 때문에

④ 지구를 공전하고 있기 때문에

⑤ 지구와 멀리 떨어져 있기 때문에

추론하기

04 '지구는 초록별이다.'라는 말이 틀린 이유를 바르게 말한 친구의 이름을 쓰시오.

> 민준: 지구는 항성이 아니라 행성이기 때문이야.
>
> 수호: 지구는 초록별이 아닌 검은별이기 때문이야.
>
> 은영: 지구는 스스로 빛을 내는 항성이기 때문이야.

도움말 '별'은 항성을 나타내는 말입니다.

(   )

매체 읽기

05 이와 같은 글을 읽는 방법으로 알맞은 것을 골라 ○표를 하시오.

(1) 설명하는 내용이 정확한지 확인하며 읽어야 한다.　　　　　 (   )

(2) 내 생각과 비교하며 비판하는 태도로 읽어야 한다.　　　　　 (   )

(3) 글쓴이의 주장과 주장에 대한 근거를 따져보며 읽어야 한다.　 (   )

어휘 학습하기

06 다음과 같은 뜻을 가진 낱말을 찾아 쓰시오.

> 행성이 태양의 둘레를 돌거나 위성이 행성의 둘레를 도는 일.

(   )

'태양계의 행성과 나이'
바로 보기

보너스 강의　**태양계의 구성원**

태양계의 구성원에
대해 좀 더 알아볼까요?

■ 위성: 행성의 인력에 의해 행성 주위를 회전하는 천체입니다. 현재 8개의 행성 중 수성과 금성만 위성이 발견되지 않았고, 그 밖의 행성은 모두 위성을 가지고 있습니다.

■ 소행성: 주로 화성과 목성의 궤도 사이에서 발견되는 조그마한 바위 덩어리 천체들로 행성보다 크기와 질량이 작지만 행성과 마찬가지로 태양 주위를 공전하고 있습니다.

■ 혜성: 태양 둘레를 타원 궤도에 따라 도는 긴 꼬리를 가진 천체로 주로 얼음과 먼지로 이루어져 있습니다.

실전 문제

수성은 태양과 가장 가까운 행성으로 크기가 아주 작습니다. 수성에는 대기가 거의 없어 표면은 건조하고, 운석들의 충돌로 생긴 크레이터들이 많아 울퉁불퉁합니다. 개밥바라기나 샛별이라고 불리는 금성은 저녁의 서쪽 하늘이나 새벽의 동쪽 하늘에서 볼 수 있습니다. 크기는 지구와 비슷하며 이산화 탄소가 가득한 대기층이 있습니다. 이산화 탄소로 이루어진 대기층이 태양열을 가두어 온실 효과를 일으키기 때문에 금성의 표면은 태양과 가까운 수성보다 더 뜨겁습니다.

지구는 ㉠대기가 있어 온화한 온도를 유지하고, 물이 풍부하여 생명체가 살아가기에 적당합니다. 약간 기울어진 채로 태양 주위를 돌고 있어서 지구에는 사계절이 나타납니다. 화성은 지구 크기의 반 정도로 대기층이 약해서 온도가 낮고 땅은 얼어 있습니다. 표면이 붉은 색을 띠는 먼지로 덮여 있어서 '붉은 행성'으로 알려져 있습니다.

태양계에서 가장 큰 행성인 목성에는 대적반이라는 붉은 점 모양의 구름 소용돌이가 있는데 가스와 얼음 구름들로 이루어져 있습니다. 멋진 고리를 가지고 있는 토성은 태양계에서 두 번째로 큰 행성입니다. 토성의 고리는 아주 작은 돌멩이만 한 크기부터 거대한 암석만 한 크기까지 다양한 크기의 돌덩어리들이 공중에 떠서 돌고 있는 것입니다.

천왕성은 태양과의 거리가 멀어서 추운 행성입니다. 지구의 4배 정도의 크기이며, 자전축이 거의 98도 정도 기울어져 있어 양극이 번갈아 42년간은 낮이고, 42년간은 밤이 계속됩니다. 천왕성도 고리를 가지고 있지만 토성의 고리보다 어둡습니다. 해왕성은 대기 중에 있는 메탄가스의 영향으로 푸르게 보입니다. 태양과 멀리 떨어져 있어 태양의 둘레를 한 바퀴 도는 데 거의 164년이 걸리고 거의 밤만 계속되는 행성입니다.

★ **대기(大큰 대, 氣기체 기)**: 천체의 표면을 둘러싸고 있는 기체.
★ **크레이터**: 행성, 위성 따위의 표면에 보이는, 움푹 파인 큰 구덩이 모양의 지형.
★ **온실 효과**: 대기 중의 수증기, 이산화 탄소, 오존 따위가 지표에서 우주 공간으로 향하는 적외선 복사를 대부분 흡수하여 지표의 온도를 비교적 높게 유지하는 작용.

 07 [글의 구조 파악하기]

글쓴이가 대상을 설명하고 있는 방법으로 알맞은 것을 골라 ○표를 하시오.

(1) 주제에 따른 특징을 사실을 들어 설명했다. ( )

(2) 일정한 기준에 따라 같은 것끼리 묶어서 설명했다. ( )

(3) 두 가지 이상의 대상에서 공통점과 차이점을 찾아 설명했다. ( )

 08 [내용 확인하기]

행성의 특징이 바른 것은 무엇입니까? ( )

① 지구 – 생명체가 살 수 없다.
② 화성 – 대적반을 가지고 있다.
③ 목성 – 멋진 고리를 가지고 있다.
④ 토성 – 태양계에서 두 번째로 크다.
⑤ 해왕성 – 붉은 행성으로 알려져 있다.

 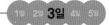

내용 요약하기

09 다음은 금성에 대한 내용입니다. 빈칸에 이어질 알맞은 말을 쓰시오.

금성의 표면 온도가 수성보다 더 뜨거운 까닭은 _____

_____

추론하기

10 다음을 크기가 큰 행성부터 순서대로 쓰시오.

지구	화성	천왕성

(   ) → (   ) → (   )

도움말 화성은 지구 크기의 반 정도라고 하였고, 천왕성은 지구의 4배 크기라고 하였습니다.

추론하기

11 이 글의 내용을 바탕으로 행성을 다음과 같이 분류했다면 분류 기준은 무엇일지 생각해 쓰시오.

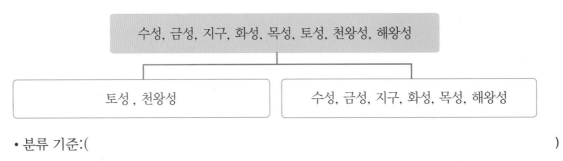

수성, 금성, 지구, 화성, 목성, 토성, 천왕성, 해왕성

토성 , 천왕성	수성, 금성, 지구, 화성, 목성, 해왕성

• 분류 기준:(   )

어휘 학습하기

12 다음 밑줄 친 낱말이 ㉠과 같은 뜻으로 사용된 문장의 기호를 쓰시오.

㉮ 비행기를 타기 위해 공항에 <u>대기</u> 중이다.   ㉯ 미세 먼지로 인한 <u>대기</u> 오염이 심각하다.

(   )

정답 바로 보기

맞힌 개수	/ 12개

소나무와 잣나무

관련 교과 5-1 국어 '설명하는 글의 특성 알기' / 6-1 과학 '식물의 구조와 기능'

확인 문제

정답과 해설 32쪽

　십장생에도 속하는 소나무는 ㉠장수를 상징하는 소나뭇과의 나무로 사계절 내내 잎의 색이 변하지 않는 상록수이며 잎이 뾰족한 침엽수입니다. 소나무는 약 35 m 정도의 높이까지 자랍니다. 잎은 두 잎이 뭉쳐납니다. 꽃은 5월에 피며, 열매는 솔방울이라고 하며 달걀 모양입니다. 거북의 등같이 갈라진 소나무 줄기 겉에서 나온 송진은 고약의 원료 등 약용으로 쓰고, 꽃가루인 송홧가루로는 다식을 만들어 먹습니다. 소나무는 건축이나 펄프의 원료로 이용되며 관상용으로도 많이 심습니다.

　잣나무도 소나뭇과의 나무로 얼핏 보면 소나무와 구분하기 힘듭니다. 잣나무 역시 잎이 뾰족한 침엽수이며 사계절 내내 푸릅니다. 잣나무는 10~30 m 정도의 높이까지 자랍니다. 꽃은 5월에 피고, 달걀 모양의 열매는 10월에 열리며, 열매 속에 있는 씨를 '잣'이라고 합니다. 잣은 고소하고 맛이 좋아 떡, 한과 등의 전통 음식에 많이 사용하며, 변비를 없애 주고 소화를 돕습니다. 잣나무는 건축이나 가구의 재료로 이용되며 정원수로도 심습니다.

　이처럼 소나무와 잣나무는 둘 다 잎이 뾰족하며 겨울에도 낙엽이 지지 않고 늘 푸릅니다. 꽃은 5월에 피고, 열매의 모양이 긴 달걀 모양으로 비슷하게 생겼습니다. 그리고 둘 다 암수가 함께 있는 암수 한 그루 나무입니다.

★ **침엽수**: 잎이 바늘처럼 뾰족한 겉씨식물.

★ **송진(松**소나무 송, **津**진액 진): 소나무나 잣나무에서 분비되는 끈적끈적한 액체.

★ **다식**: 우리나라 고유 과자의 하나. 녹말 · 송화 · 검은깨 따위의 가루를 꿀이나 조청에 반죽하여 다식판에 박아 만듦.

01 주장이나 주제 파악하기

이 글은 무엇에 대해 설명하고 있습니까? (　　　　)

① 소나무와 잣나무를 볼 수 있는 곳
② 소나무와 잣나무를 잘 키우는 방법
③ 세계 여러 나라의 소나무와 잣나무
④ 소나무와 잣나무의 공통점과 차이점
⑤ 소나무와 잣나무에 잘 생기는 병충해

2 내용 확인하기

소나무의 특징으로 알맞지 <u>않은</u> 것은 무엇입니까? (   )

① 잎이 뾰족하다.

② 장수를 상징하는 나무이다.

③ 사계절 내내 잎의 색이 변하지 않는다.

④ 씨는 고소하고 맛이 좋아 전통 음식에 많이 사용된다.

⑤ 줄기에서 나온 송진은 고약의 원료 등 약용으로 쓰인다.

3 어휘 학습하기

㉠은 동형어로 소리는 같으나 여러 가지 뜻을 지닌 낱말입니다. 이 글에서는 어떤 뜻으로 쓰였는지 알맞은 것에 ○표를 하시오.

(1) 오래도록 삶.   (   )

(2) 장사하는 사람.   (   )

(3) 군사를 거느리는 우두머리.   (   )

도움말 오래도록 살고 죽지 않는다는 열 가지를 십장생이라 하는데, '해, 산, 물, 돌, 구름, 소나무, 불로초, 거북, 학, 사슴'이 이에 속합니다.

4 내용 확인하기

소나무의 줄기 겉 모습을 무엇에 비유하여 나타내었습니까? (   )

① 비단   ② 벌집   ③ 거북 등

④ 악어가죽   ⑤ 마른 논바닥

5 추론하기

이 글의 설명 방법으로 알맞은 것을 두 가지 고르시오. (,   )

① 비교   ② 인과   ③ 예시   ④ 분석   ⑤ 분류

6 어휘 학습하기

다음을 뜻하는 낱말을 **보기** 에서 골라 쓰시오.

> **보기**
>
> 침엽수   활엽수   낙엽수   상록수

(1) 사철 내내 잎이 푸른 나무: (   )

(2) 잎이 바늘처럼 뾰족한 겉씨식물: (   )

이처럼 생김새가 비슷하여 구별하기 어려운 소나무와 잣나무를 확실하게 구별할 수 있도록 둘의 [㉠   ]을/를 자세히 알아봅시다.

소나무와 잣나무를 구별할 수 있는 가장 확실한 방법은 뾰족한 잎의 개수를 세어 보는 것입니다. 둘 다 초록색의 뾰족한 잎을 가지고 있지만, 소나무는 잎이 2개씩 뭉쳐나고, 잣나무는 잎이 5개씩 뭉쳐납니다. 잣나무는 잎이 5개씩 뭉쳐나기 때문에 오엽송이라고도 불립니다.

두 번째, 줄기의 겉모습이 다릅니다. 소나무 줄기의 겉모습은 많이 거칠고 쉽게 벗겨질 듯하나, 잣나무는 소나무에 비해 덜한 편입니다.

세 번째, 자라는 모양도 다릅니다. 소나무는 불규칙하게 가지를 뻗어 올라가서 이러저리 구부러지며 제각각 다른 모양으로 자라지만, 잣나무는 규칙적으로 가지를 뻗습니다. 그래서 잣나무는 전체적으로 원뿔 모양으로 자랍니다.

네 번째, 소나무와 잣나무의 열매는 비슷해 보이지만 자세히 보면 크기와 모양이 서로 다릅니다. 소나무의 열매인 솔방울은 일반적으로 잘 알려진 계란형입니다. 그러나 잣나무의 열매는 솔방울보다 조금 더 길고 잣을 품고 있는 열매 조각의 끝이 뒤로 젖혀져 있습니다. 그리고 소나무의 열매는 길이가 5 cm 정도이지만 잣나무의 열매는 12~15 cm로 솔방울보다 두 배 이상 큽니다. 또 소나무의 열매 속에 있는 날개 달린 씨앗은 먹을 수 없지만, 잣나무의 열매 속에 들어 있는 잣은 먹을 수가 있습니다.

★ **구별(區구역 구, 別다를 별)하기**: 성질이나 종류에 따라 차이가 나기. 또는 성질이나 종류에 따라 갈라놓기.
★ **뭉쳐나고**: 풀이나 나무가 무더기로 더부룩하게 나고.
★ **불규칙하게**: 규칙에서 벗어나 있게. 또는 규칙이 없게.
★ **원뿔**: 원의 평면 밖의 한 정점과 원주 위의 모든 점을 연결하여 생긴 면으로 둘러싸인 입체.

07

주장이나 주제 파악하기
글쓴이가 이 글을 쓴 목적으로 알맞은 것에 ○표를 하시오.

(1) 소나무와 잣나무를 보호하자고 호소하기 위해서 ( )
(2) 소나무와 잣나무의 구별 방법을 알려 주기 위해서 ( )
(3) 소나무와 잣나무를 심고 가꾸는 방법을 알려 주기 위해서 ( )

08

내용 확인하기
㉠에 들어갈 알맞은 낱말은 무엇입니까? ( )

① 공통점 ② 차이점 ③ 비교점
④ 닮은 점 ⑤ 재미있는 점

09 내용 확인하기

잣나무의 특징에 해당하는 두 가지를 골라 기호로 쓰시오.

㉮ 열매를 먹을 수 있다.　　　　　　㉯ 잎이 두 개씩 뭉쳐난다.

㉰ 열매의 길이는 5 cm 정도이다.　　㉱ 열매 조각의 끝이 뒤로 젖혀져 있다.

(　　　　 , 　　　　)

10 매체 읽기

다음 잎의 그림을 보고, 소나무인지 잣나무인지 구별해 쓰시오.

(1)

(　　　　)

(2)

(　　　　)

11 어휘 학습하기

다음 빈칸에 들어갈 알맞은 말은 무엇입니까? (　　　　)

표범과 치타는 비슷하게 생겼지만, 몸에 난 무늬로 [　　　　]할 수 있다.

① 구분　　　② 구별　　　③ 차별　　　④ 분석　　　⑤ 변별

도움말 구분: 일정한 기준에 따라 전체를 몇 개로 갈라 나눔. / 구별: 성질이나 종류에 따라 갈라놓음. / 차별: 둘 이상의 대상을 각각 등급이나 수준 따위의 차이를 두어서 구별함. / 분석: 개념이나 문장을 보다 단순한 개념이나 문장으로 나눔. / 변별: 사물의 옳고 그름이나 좋고 나쁨을 가림.

정답 바로 보기 ▶

맞힌 개수	/ 11개

한옥에 담긴 조상의 슬기

관련 교과 5-2 국어 '효과적인 방법으로 발표하기' / 4-1 사회 '시대마다 다른 삶의 모습'

확인 문제

정답과 해설 **34**쪽

한옥은 우리나라의 전통 가옥으로 주변에서 쉽게 구할 수 있는 흙과 나무, 볏짚 등을 이용하여 짓습니다. 한옥에는 목조 구조에 흙을 구워 만든 기와를 지붕에 얹은 기와집과 볏짚을 지붕에 얹은 초가집이 있습니다.

한옥의 가장 큰 특징은 자연 친화적인 점입니다. 나무, 돌, 볏짚, 흙 등 자연 재료를 사용하였을 뿐만 아니라, 산을 등지고 앞으로는 물이 흐르는 ㉠배산임수 지형에 집을 지어 아름다운 자연 경관을 느낄 수 있습니다.

예로부터 우리나라는 사계절이 뚜렷하여 여름에는 덥고, 겨울에는 추웠습니다. 그래서 한옥은 더위를 이겨 내기 위한 마루와 추위를 이겨 내기 위한 온돌을 모두 갖추고 있습니다. 마루는 바닥과 사이를 띄우고 나무 널빤지를 깔아 놓은 것으로, 더운 여름에는 시원한 마루에서 낮잠을 즐길 수 있었습니다. 온돌은 방에 넓적한 큰 돌을 놓고 흙으로 덮은 후 아궁이에 불을 때어 방바닥을 따뜻하게 하는 것으로, 추운 겨울에는 주로 온돌방에서 생활하였습니다.

요즘 사람들이 주로 사는 양옥은 한옥의 주택 구조를 고스란히 담고 있습니다. 현관에 들어서면 거실이 보이고, 이를 통해 각 방으로 출입하는 구조는 전형적인 한옥의 배치를 계승한 것입니다.

★ **가옥(家**집 가, **屋**집 옥**):** 사람이 사는 집.

★ **친화적:** 사이좋게 잘 어울리는. 또는 그런 것.

★ **배산임수:** 땅의 모양이 뒤로는 산을 등지고 앞으로는 물에 면하여 있음.

★ **계승한:** 조상의 전통이나 문화유산, 업적 따위를 물려받아 이어 나간.

01 【매체 읽기】

이 글을 쓴 목적을 바르게 파악한 친구의 이름을 쓰시오.

> 진주: 한옥의 특징은 무엇인지 알려 주는 글이야.
> 세형: 한옥과 양옥의 공통점과 차이점을 소개하기 위한 글이야.
> 현경: 한옥을 보존하기 위해 어떤 노력을 기울여야 하는지 주장하는 글이야.

(   )

02 【내용 확인하기】

우리나라의 전통 가옥을 무엇이라고 하는지 찾아 쓰시오. (   )

 03 <u>내용 확인하기</u>

한옥에서만 볼 수 있는 것을 두 가지 고르시오. (　　　,　　　)

① 방　　　　　② 기둥　　　　　③ 온돌　　　　　④ 마루　　　　　⑤ 마당

 04 <u>추론하기</u>

이 글을 읽고 알 수 있는 내용에 ○표를 하시오.

(1) 요즘 사람들은 한옥이 불편하여 선호하지 않는다.　　　　　(　　　)

(2) 한옥의 장점은 현대에도 계승되어 활용되고 있다.　　　　　(　　　)

(3) 한옥은 좋은 점이 많아 요즘에도 대부분의 사람들이 한옥에서 산다. (　　　)

3주차 5일
공부한 날
월　일

05 <u>추론하기</u>

㉠을 나타낸 그림으로 알맞은 것에 ○표를 하시오.

(1)

(　　　)

(2)

(　　　)

(3)

(　　　)

도움말 배산임수는 뒤로는 산을 등지고 앞으로는 물이 흐르는 모습을 말합니다.

'한옥에 담긴 조상들의 지혜'
바로 보기

보너스 강의 　　　**한옥에 담긴 조상들의 지혜**

한옥에 숨어 있는 과학 원리에 대해 자세히 알아볼까요?

■ 아무것도 없는 마당은 태양열로 인해 뜨겁게 달구어져 상승 기류가 형성되고, 산과 연결된 집 뒤쪽은 숲이 있어 찬 공기가 형성되었습니다. 그러면 뒤쪽의 찬 공기가 집안을 통과하며 마당 쪽으로 이동하여 한옥은 항상 시원하였습니다.

■ 안채와 창고 사이의 간격을 마당 쪽은 넓게, 뒤로 갈수록 좁게 만들어 여름에 남풍이 불 때 좁은 통로를 통과하는 바람의 세기가 세어져 안채로 바람이 들어가게 하는 효과가 있었습니다.

■ 곳간 뒤쪽은 냉장고로 썼기 때문에 바람이 세게 통과하며 찬 기운을 유지할 수 있게 하였습니다.

㉮ 한옥을 지을 때는 먼저 흙을 고르고 땅을 평평하게 다져 터 닦기를 한 후 집터보다 조금 높게 단을 쌓습니다. 그 뒤 기둥을 세울 자리에 큼직한 주춧돌★을 박습니다. 주춧돌을 박는 이유는 땅속의 수분이 기둥에 스며들어 기둥 아랫부분이 썩는 일을 막기 위해서입니다. 그 다음 주춧돌 위에 기둥을 세우고 집의 뼈대를 만듭니다. 수직으로 무게를 지탱해 주는 기둥과 가로로 하중을 지탱해 주는 보★가 기본 뼈대입니다.

그리고 창을 낸 후 벽이 될 자리에 나뭇가지 따위로 뼈대를 만들고 황토를 개어서 안쪽과 바깥쪽에 반듯하게 발라 벽을 만든 다음 지붕을 얹습니다. 지붕은 서까래와 개판이라 불리는 반듯한 널빤지에 하중을 분산시키고 균형을 잡아 주는 적심목을 차례로 놓고 흙을 채워 가며 기와를 얹습니다. 그런 후 집 안쪽에 바닥과 마루를 만들고 마지막으로 창문과 방문을 달면 한옥이 완성됩니다.

★ **주춧돌**: 기둥 밑에 기초로 받쳐 놓은 돌.
★ **보**: 칸과 칸 사이의 두 기둥을 건너질러 가로로 얹은 나무.

㉯ 우리나라는 지역마다 기후가 다르기 때문에 한옥의 건축 방식 또한 다릅니다.

북부 지방에서는 추운 겨울을 따뜻하게 지내기 위해 바람을 잘 차단할 수 있도록 'ㅁ' 자 모양으로 집을 지었습니다. 마루가 없고 방들이 서로 붙어 있는 것도 큰 특징입니다.

남부 지방에서는 자연 바람이 잘 통하도록 부엌, 방, 대청마루를 일자형으로 구성한 'ㅡ' 자 모양으로 집을 지었습니다. 대청마루는 넓게 두고 창문과 방문을 많이 만들어서 더운 여름에 바람이 잘 통하게 하였습니다.

중부 지방의 한옥은 대부분이 'ㄱ' 자 모양인데, 이는 북부 지방과 남부 지방의 중간에 위치했기 때문입니다.

이와 같이 자연의 재료를 이용하고 기후와 환경에 따라 다양하게 지어진 한옥에는 조상들의 슬기와 지혜가 담겨 있습니다.

---

 06 주장이나 주제 파악하기

이 글의 중심 내용을 두 가지 고르시오. (,   )

① 한옥의 뜻   ② 한옥의 단점   ③ 한옥의 역사

④ 한옥을 짓는 순서   ⑤ 지역별 한옥의 특징

---

 07 내용 확인하기

다음 지방에 알맞은 한옥의 모양을 알맞게 선으로 이으시오.

(1) 북부 지방   •   • ① 'ㅡ' 자

(2) 중부 지방   •   • ② 'ㄱ' 자

(3) 남부 지방   •   • ③ 'ㅁ' 자

내용 확인하기

08 지역별로 한옥의 모양이 다른 까닭은 무엇인지 쓰시오.

(   )

추론하기

09 이 글에 나타난 글쓴이의 관점으로 알맞은 것에 ○표를 하시오.

(1) 한옥에는 조상들의 슬기와 지혜가 담겨 있다.   (   )
(2) 한옥은 현대에 살아가기에는 불편한 점이 많다.   (   )
(3) 한옥과 양옥의 좋은 점을 잘 결합하여 새로운 형태의 주택을 만들어야 한다.   (   )

자료의 적절성 평가하기

10 이 글을 읽고 알게 된 한옥 짓는 순서를 정리하여 발표하려고 합니다. 발표 자료 정리 방법으로 알맞은 것에 ○표를 하시오.

(1)
| 집터 닦기, 단 쌓기 |
| 주춧돌 박기, 기둥 세우기 |
| 집의 뼈대 만들기, 벽 만들기 |
| 지붕 얹기 |
| 방바닥, 마루 만들기 |
| 창문, 방문 달기 |

(   )

(2)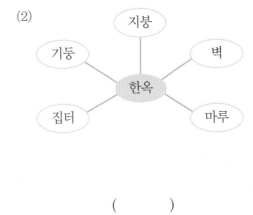

(   )

내용 확인하기

11 다음 빈칸에 들어갈 알맞은 이름을 쓰시오.

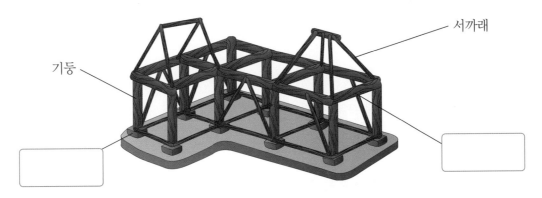

서까래

기둥

도움말 글 ㈎에서 한옥을 짓는 과정에 대한 내용을 찾아봅니다.

정답 바로 보기

| 맞힌 개수 | / 11개 |

쉬어 가기

다음 말 상자에서 아래에 제시된 뜻을 가진 낱말을 찾아 ○표를 하세요.

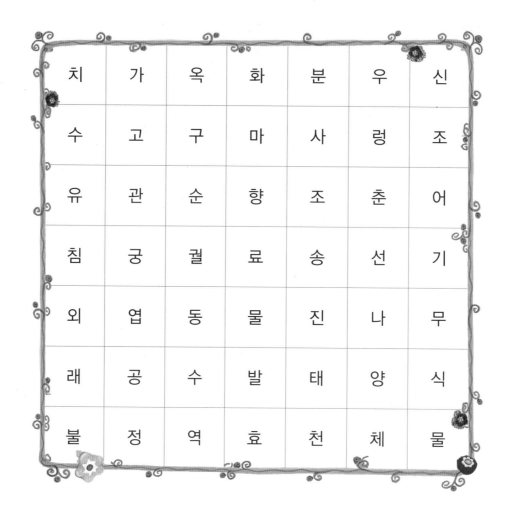

치	가	옥	화	분	우	신
수	고	구	마	사	렁	조
유	관	순	향	조	춘	어
침	궁	궐	료	송	선	기
외	엽	동	물	진	나	무
래	공	수	발	태	양	식
불	정	역	효	천	체	물

① 새로 생긴 말.

② 사람이 사는 집.

③ 향기를 내는 데 쓰는 물질.

④ 잎이 바늘처럼 뾰족한 겉씨식물.

⑤ 우주에 존재하는 모든 물체. 항성, 행성, 위성, 혜성 따위를 통틀어 이르
는 말.

4주차

1일 신기한 주사위

2일 역사가 숨 쉬는 조선의 궁궐

3일 동양화와 서양화, 산수화와 풍경화

4일 편리한 캔, 위험한 캔

5일 인류의 발명품, 종이

신기한 주사위

관련 교과 5-1 국어 '아는 것과 새롭게 안 것' / 6-1 수학 '비와 비율'

확인 문제

정답과 해설 38쪽

(가) 나는 ㉠정육면체 모양의 물건입니다. 내 몸의 각 면에는 하나부터 여섯까지를 나타내는 점이 새겨져 있습니다. 사람들은 나를 던져서 멈췄을 때 윗면에 나오는 점의 개수를 이용해 놀이를 합니다. 그래서 수학 시간이나 보드게임을 할 때 나를 흔히 볼 수 있습니다. 나는 누구일까요?

(나) 나는 ㉮ 입니다. 내가 언제 만들어졌는지는 분명하지 않지만, 기원전 3,000년 경 동물의 이빨이나 뼈, 뿔 등으로 만들어 이집트에서 사용하였습니다. 그리고 기원전 49년에 율리우스 카이사르 장군이 루비콘 강을 건너 로마로 ㉡진격할 때 자신의 병사들 앞에서 ㉢" ㉮ 은/는 던져졌다."라고 한 말은 유명합니다.

이후 유럽뿐 아니라 미국, 중국, 인도 등 세계 각국에 여러 가지 모양으로 퍼져 다양한 놀이에 사용되었습니다. 중국의 여러 시대와 우리나라의 고려 시대에는 이것으로 '쌍륙'이라는 놀이를 하며 친목을 다졌으며, 조선 전기에는 여자들이 이것을 던져 숫자 맞히기 등의 놀이를 하였다고 합니다.

★ 새겨져: 글씨나 형상이 파여져.
★ 진격할: 적을 치기 위하여 앞으로 나아갈.
★ 친목(親친할 친, 睦화목할 목): 서로 친하여 화목함.

추론하기
 ㉮에 공통으로 들어갈 말을 쓰시오.

(   )

추론하기
 ㉠에 해당하는 것은 무엇입니까? (   )

① ② ③ ④ ⑤

도움말 정육면체는 정사각형 6개로 둘러싸인 도형입니다.

3

어휘 학습하기

㉡의 뜻으로 알맞은 것은 무엇입니까? ( )

① 일을 차차 이루어 감.
② 발전하지 못하고 기운이 약해짐.
③ 적을 치기 위하여 앞으로 나아감.
④ 외부의 침략이나 공격을 막아서 지킴.
⑤ 몹시 소란스럽고 어지러운 일을 가라앉힘.

04

추론하기

㉢의 말을 할 수 있는 상황으로 알맞은 것은 무엇입니까? ( )

① 한 가지를 두고 서로 다투는 상황
② 실수한 일을 되돌리려고 하는 상황
③ 일어난 일에 대비하여 전략을 짜는 상황
④ 미래에 어떤 일이 일어날지 미리 예측하는 상황
⑤ 어떤 일이 이미 시작되어서 되돌릴 수 없는 상황

05

주장이나 주제 파악하기

글 ㈎와 ㈏의 중심 내용을 알맞게 선으로 이으시오.

(1) | ㈎ | •   • ① | '나'의 역사 |

(2) | ㈏ | •   • ② | '나'의 생김새와 쓰임새 |

06

추론하기

이 글을 읽고 '나'에 대해 바르게 이해한 친구의 이름을 쓰시오.

> 유리: 여러 나라에 전해졌지만 모양은 모두 같았어.
> 영민: 옛날 사람들이 놀이에 주로 이용했고, 지금은 사용되지 않아.
> 다빈: 나를 이용해서 놀이를 하면서 사람들끼리 친분을 쌓았을 거야.

( )

과거부터 다양한 놀이에 이용되어 온 주사위에 대해 좀 더 자세히 알아봅시다. 어떤 사건이 일어날 수 있는 가짓수를 '경우의 수'라고 합니다. 주사위를 던졌을 때 나올 수 있는 경우의 수는 몇일까요? 주사위는 정육면체로 만들어졌기 때문에 면이 총 여섯 개입니다. 그리고 각 면에는 한 개부터 여섯 개까지의 점이 새겨져 있습니다. 점이 한 개 새겨진 면부터 여섯 개 새겨진 면까지 나올 수 있는 경우의 수는 6입니다. 그렇다면 주사위 한 개를 던졌을 때 3이 나올 가능성은 얼마일까요? 주사위를 던져 나올 수 있는 경우의 수는 6이고, 그 중에 3이 나오는 경우의 수는 1이므로 3이 나올 가능성은 6분의 1입니다. 이렇게 어떤 사건이 일어날 가능성을 '확률'이라고 합니다.

바로 이 확률 때문에 주사위를 정육면체 모양으로 만들었습니다. 주사위를 던져서 윗면에 나오는 수로 놀이를 하는데 유독 한 가지의 수가 많이 나온다면 공정하게 놀이를 할 수 없을 것입니다. 정육면체의 면은 모양과 크기가 같은 정사각형으로 이루어져 있기 때문에 어떤 면이 나올 수 있는 확률이 거의 같습니다. 만약 주사위가 공 모양으로 만들어졌다면 주사위를 던졌을 때 쉽게 멈추지 않을 뿐 아니라 윗면의 수가 무엇인지 판단하기 어려울 것입니다.

주사위를 자세히 살펴보면 한 가지 특징을 더 찾을 수 있습니다. 주사위에서 마주 보고 있는 면의 수를 합하면 7이 됩니다. 1과 마주 보는 면에는 6, 2와 마주 보는 면에는 5, 3과 마주보는 면에는 4가 있습니다.

놀이할 때 무심코 사용하던 주사위에 이렇게 많은 비밀들이 숨겨져 있다는 것을 알고 나니 주사위가 신기하게 느껴지지 않나요?

★ **가짓수**: 종류의 수효.
★ **유독(唯**오직 유, **獨**홀로 독**)**: 많은 것 가운데 홀로 두드러지게.
★ **공정하게**: 공평하고 올바르게.

---

07 내용 확인하기
경우의 수와 확률에 대한 설명으로 알맞은 것을 선으로 이으시오.

(1) 경우의 수 •

(2) 확률 •

• ① 어떤 사건이 일어날 가능성

• ② 어떤 사건이 일어날 수 있는 가짓수

---

08 내용 확인하기
주사위를 공 모양으로 만들면 어떤 점이 불편하다고 하였는지 두 가지를 쓰시오.

●

●

09 추론하기

이 글을 읽고 알 수 있는 내용으로 알맞은 것에 ○표를 하시오.

(1) 주사위를 한 개 던져서 2가 나올 확률은 6분의 1이다. ( )

(2) 주사위를 여섯 번 던졌을 때 1이 반드시 한 번 나올 것이다. ( )

(3) 주사위를 두 번 던졌을 때 연속해서 3이 나왔다면 세 번째에도 3이 나올 것이다. ( )

10 추론하기

주사위의 전개도로 알맞은 것에 ○표를 하시오.

(1) (2) (3)

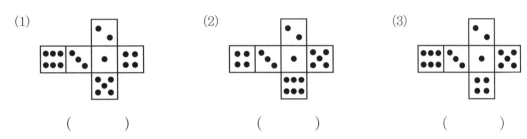

( ) ( ) ( )

도움말 주사위의 마주 보는 면의 수를 합하면 7이 되는 것을 찾아봅니다.

11 추론하기

주사위와 관련된 나의 경험을 떠올려 쓰시오.

( )

12 매체 읽기

11번에서 답한 내용을 바탕으로 이 글을 읽고 주사위에 대해 이미 알고 있던 내용과 새롭게 알게 된 내용을 정리해 쓰시오.

이미 알고 있던 내용	
새롭게 알게 된 내용	

정답 바로 보기

맞힌 개수	/ 12개

역사가 숨 쉬는 조선의 궁궐

관련 교과 6-1 국어 '인물의 삶을 찾아서' / 4-1 사회 '우리 지역의 문화유산을 보호하려는 노력 알아보기'

확인 문제

정답과 해설 40쪽

조선 시대에 한양은 주위가 산으로 둘러싸여 있고 한강과 넓은 평지가 있는, 사람이 살기에 매우 좋은 곳이어서 수도가 되었습니다. 오늘날 서울의 중심부에 있었던 한양에는 경복궁, 창덕궁, 창경궁, 경운궁, 경희궁 이렇게 다섯 개의 궁궐이 있었습니다.

조선 왕조 제일의 궁궐인 경복궁은 조선 태조 4년에 건립되었습니다. '경복'이란 말은 『시경』에서 유래되었는데, '큰 복을 빈다.'라는 뜻이라고 합니다. 이성계가 도읍을 옮기면서 1년 동안 급하게 지었기 때문에 처음에는 390여 칸으로 ㉠소박하였으나, 시간이 지나면서 후대 왕들이 다른 건물을 지어 규모가 더 커졌습니다. 경복궁은 임진왜란이나 일제 강점기 등 여러 역사적 사건들 속에서 많은 시련을 겪었습니다. 임진왜란 때는 큰 화재가 나서 많은 건물이 불탔고, 오랜 세월 동안 복원되지 못하다가 고종 4년에 흥선 대원군이 다시 지어 제 모습을 찾게 되었습니다. 하지만 일제 강점기 때 일제에 의해 많은 부분이 훼손되었고 지금까지 본모습을 되찾기 위해 공사를 하고 있습니다. 경복궁의 대표적인 건물로는 근정전과 경회루가 있습니다.

★ **궁궐**: 임금이 거처하는 집.
★ **도읍(都도읍 도, 邑고을 읍)**: 예전에, 한 나라의 수도를 이르던 말.
★ **소박하였으나**: 꾸밈이나 거짓이 없이 수수하였으나.

내용 확인하기

01 조선 시대의 수도는 어디인지 쓰시오.

(   )

내용 확인하기

02 경복궁에 대한 설명으로 알맞지 <u>않은</u> 것은 무엇입니까? (   )

① 이성계가 지은 궁궐이다.
② 임진왜란 때 큰 화재가 났다.
③ 대표적인 건물로는 근정전이 있다.
④ 처음에는 소박했지만 점점 규모가 커졌다.
⑤ 왕가의 어른들을 모시기 위해 지은 궁궐이다.

03 　**내용 확인하기**

불에 탄 경복궁을 다시 지은 인물은 누구인지 찾아 쓰시오.

(　　　　　　　　　　　)

04 　**매체 읽기**

이 글의 특징은 무엇입니까? (　　　)

① 다른 사람을 설득하기 위해 쓴 글이다.
② 대상의 특징을 자세하게 설명하고 있다.
③ 글쓴이의 생각이나 느낌이 잘 드러나 있다.
④ 읽는 이에게 감동과 재미를 주기 위한 글이다.
⑤ 역사적 사실에 대한 글쓴이의 주장이 나타나 있다.

4주차 2일
공부한 날
월　일

05 　**어휘 학습하기**

㉠과 뜻이 반대인 낱말은 무엇입니까? (　　　)

① 넓었으나　　　　　　② 좁았으나　　　　　　③ 건전하였으나
④ 튼튼하였으나　　　　⑤ 화려하였으나

도움말 '어떤 일이나 생활 따위가 보통 사람들이 누리기 어려울 만큼 대단하거나 사치스럽다.'라는 뜻을 가진 낱말을 찾아봅니다.

'서울의 5대 궁궐'
바로 보기

보너스 강의　　　**무엇에 쓰이는 물건인고?**

궁궐 안에 있는 다양한 물건과 구조에 대해 자세히 알아볼까요?

▲ 잡상: 잡귀를 물리치는 수호신 역할을 함.

▲ 드므: 안에 물을 담아 화재에 대비하는 역할을 함.

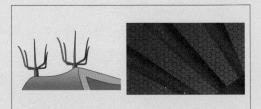
▲ 화꽂이와 부시: 새들이 둥지를 틀지 못하도록 쫓는 역할을 함.

유네스코 세계 유산으로 등록되어 있는 창덕궁은 조선 시대 궁궐 가운데 가장 보존이 잘 되어 있는 궁궐로, 태종 5년에 경복궁의 동쪽에 지어져서 창경궁과 함께 동궐로 불렸습니다. 많은 사람들이 즐겨 찾는 창덕궁의 후원은 자연을 거스르지 않고 조화롭게 정자와 연못을 배치하여 동양의 아름다운 모습을 유지하고 있습니다. 대부분의 정자는 임진왜란 때 소실되었고 지금 남아 있는 정자와 궁궐 전각들은 인조 때 다시 지어진 것입니다.

창덕궁 후원 옆에 있는 창경궁은 궁중의 어른들을 모시기 위해 성종 14년에 만들어진, 유교의 뜻을 잘 담고 있는 궁궐입니다. 하지만 일제 강점기에 일제는 창경궁에 벚나무를 심고 동물원을 만든 후 창경원으로 이름을 바꾸었습니다. 조선 왕조의 상징인 궁궐을 공원으로 만들어 민족의 정신을 약하게 만들려는 의도였습니다. 오랜 시간이 지난 후 1983년에 창경궁이라는 원래 이름을 되찾고 복원 작업을 통해 궁궐의 모습을 다시 갖추게 되었습니다. 창경궁 안에 있는 명정전은 조선의 ★정전 중에서 가장 오래된 건물입니다.

경운궁은 성종의 형인 월산 대군의 집으로 본래는 ★행궁이었으나 선조가 임진왜란 이후 서울에 돌아와 머물면서 궁궐이 되었습니다. 고종 때에는 서구의 문물을 적극적으로 받아들였기 때문에 경운궁에는 근대 서양식 건물과 전통 건물이 함께 있습니다. 고종 34년에 덕수궁으로 명칭을 바꾸었으며, 지금 남아 있는 건물은 중화전, 함녕전, 석조전입니다.

조선의 다섯 궁궐 가운데에서 가장 늦게 만들어진 경희궁은 경덕궁이라 불리던 것을 조선 영조 때에 경희궁으로 이름을 바꾸었습니다. 일제 강점기 때 건물은 없어졌으며 경성 중학교가 세워졌다가, 경희궁 복원 사업으로 숭정전을 비롯하여 일부가 복원되었으며, 현재는 공원으로 사용되고 있습니다.

경복궁, 창덕궁, 창경궁, 경운궁, ⟨　㉠　⟩. 조선 시대 임금이 살던 궁궐의 역사를 ㉡찬찬히 살펴보다 보면 조선의 역사를 더 잘 이해할 수 있습니다.

★ **복원**: 사물을 원래의 상태로 되돌림.
★ **정전(正**바를 정, **殿**큰집 전**)**: 왕이 나와서 조회를 하던 궁전.
★ **행궁(行**다닐 행, **宮**집 궁**)**: 임금이 나들이 때에 머물던 별궁.

06 【내용 확인하기】
일제 강점기에 일제가 창경궁의 이름을 창경원으로 바꾸고 공원으로 만든 까닭은 무엇입니까? (　　　　)

① 아름다운 공원을 만들고 싶어서
② 자연과 친근한 궁궐을 만들기 위해서
③ 일본 문화의 위대함을 보여 주기 위해서
④ 백성들에게 휴식 공간을 제공하기 위해서
⑤ 우리 민족의 정신을 약하게 만들기 위해서

07 내용 확인하기

조선 시대 궁궐 중에서 가장 보존이 잘 되어 있는 궁궐의 이름을 쓰시오.

( )

08 내용 확인하기

경운궁에 대한 설명으로 알맞지 <u>않은</u> 것은 무엇입니까? ( )

① 석조전이 있다.

② 고종이 머물던 궁궐이다.

③ 덕수궁으로 이름이 바뀌었다.

④ 유네스코 세계 문화 유산이다.

⑤ 서양식 건물과 전통 건물이 함께 있다.

09 추론하기

㉠에 들어갈 알맞은 궁궐의 이름을 찾아 쓰시오.

( )

도움말 ㉠에 들어갈 궁궐은 가장 늦게 만들어진 궁궐입니다.

10 추론하기

이 글을 통해 새롭게 알게 된 점을 한 가지 쓰시오.

( )

11 어휘 학습하기

㉡과 바꾸어 쓸 수 있는 말은 무엇입니까? ( )

① 꼼꼼히 ② 꾸준히 ③ 냉정히

④ 적당히 ⑤ 조용히

정답 바로 보기

맞힌 개수	/ 11개

동양화와 서양화, 산수화와 풍경화

관련 교과 5-1 국어 '여러 가지 설명 방법 알기' / 5학년 미술 '우리나라 전통 미술의 특징'

확인 문제

정답과 해설 42쪽

　동양화란 중국, 한국, 일본 등 동양 여러 나라에서 발달해 온 그림으로, 비단이나 화선지에 붓, 먹, 물감을 사용하여 동양의 전통적인 기법과 이론에 따라 그린 그림을 말합니다. 동양화는 한 번의 터치나 적은 횟수의 붓질만으로 그림을 그리는 경우가 많습니다. 동양화가들은 서양화의 입체적인 기법과 달리 평면적인 그림을 그렸으며, 터치와 선, 여백과 공간을 중요하게 여겼습니다. 또한 전통적으로 자연의 풍경을 담은 그림을 많이 그렸으며, 선과 먹의 짙고 옅음을 통해 주로 이상향이나 정신세계를 표현하였습니다.

　서양화는 서양에서 발생하여 발달한 그림, 또는 서양에서 보급된 재료와 기술에 의하여 그려진 그림으로, 유화, 수채화, 파스텔화, 연필화, 펜화 등이 있습니다. 서양화는 캔버스에 유화로 그림을 많이 그리는데, 물감을 여러 번 덧칠하는 기법을 많이 사용합니다. 또한 원근법을 사용하고, 색깔과 조형미를 중요시하여 동양화에 비해 색이 화려합니다. 서양화는 전통적으로 기독교적인 내용을 그림으로 많이 표현하였고, 과학적이고 사실적인 그림을 주로 그려 눈에 보이는 것을 직접 그리거나 현실을 있는 그대로 표현하려고 하였습니다.

★ **기법**: 교묘한 기술이나 방법을 아울러 이르는 말.

★ **유화**: 서양화에서, 물감을 기름에 개어 그리는 그림.

★ **원근법(遠멀 원, 近가까울 근, 法방법 법)**: 일정한 시점에서 본 물체와 공간을 눈으로 보는 것과 같이 멀고 가까움을 느낄 수 있도록 평면 위에 표현하는 방법.

★ **조형미**: 어떤 모습을 입체감 있게 예술적으로 형상하여 표현하는 아름다움.

01 　**주장이나 주제 파악하기**
이 글은 무엇에 대해 설명하고 있는지 쓰시오.

(　　　　　　　　　　　　　　　　　　)

02 　**내용 확인하기**
동양화를 그릴 때의 재료가 <u>아닌</u> 것은 무엇입니까? (　　　　)

① 붓　　　　　　　　② 먹　　　　　　　　③ 물감
④ 캔버스　　　　　　⑤ 화선지

도움말 동양화와 서양화를 그릴 때 재료가 서로 다릅니다.

4주차 **3일**

공부한 날

월   일

03 **내용 확인하기**
다음 내용이 동양화의 특징이면 '동', 서양화의 특징이면 '서'를 쓰시오.

(1) 원근법을 사용한다.   (   )

(2) 색깔과 조형미를 중요시한다.   (   )

(3) 주로 이상향이나 정신세계를 표현한다.   (   )

(4) 한 번의 터치나 적은 횟수의 붓질만으로 그림을 그린다.   (   )

04 **내용 확인하기**
이 글에서 설명하지 <u>않은</u> 내용은 무엇입니까? (   )

① 재료   ② 기법

③ 유명한 화가   ④ 그림의 소재

⑤ 그림을 통해 표현하려는 것

05 **추론하기**
동양화와 서양화에 나타난 동양과 서양의 차이를 바르게 말한 친구의 이름을 쓰시오.

> 가형: 동양에서는 기독교가 발달하였고, 서양에서는 철학이 발달했어.
>
> 규연: 동양에서는 꽉 찬 것을 좋아하고, 서양에서는 빈 공간을 중요하게 생각하고 아름답게 여기는 것
> 같아.
>
> 시율: 동양에서는 정신적인 것을 추구하고, 서양에서는 눈에 보이는 현상에 집중하는 삶의 태도를 보
> 이는 것 같아.

(   )

동양화에서 산과 물이 어우러진 자연의 아름다움을 그린 그림을 '산수화'라고 합니다. 뫼 산(山), 물 수(水), 그림 화(畫)로 풀어 쓰면 무엇을 그린 그림인지 쉽게 이해할 수 있습니다. 한편 서양화에서는 자연을 아름답게 그려낸 그림을 '풍경화'라고 합니다. 둘 다 자연을 그린 그림이라는 공통점이 있는데 굳이 산수화와 풍경화라고 구분지어 부르는 까닭은 무엇일까요? 둘 사이에 어떤 차이점이 있는지 자세히 알아봅시다.

먼저 산수화와 풍경화는 자연을 바라보는 관점★이 다릅니다. 산수화는 자연을 빌어 작가의 정서와 정신세계를 담아내어 그리기 때문에 자연 그 자체를 인간이 보고 느낀 것에 대한 감상을 그린 것이라고 할 수 있습니다. 서양화가들이 풍경 앞에서 그림을 그리는 것과 달리 동양화가들은 대개 풍경을 감상한 뒤에 감정과 생각을 마음에 담아 집으로 돌아와서 그림을 그렸습니다. 그래서

산수화는 그림에 자신의 사상이나 철학, 미의식과 삶의 태도를 담아 표현하였습니다. 반면에 풍경화는 눈으로 관찰한 멋진 자연의 모습을 아름답고 사실적으로 그렸습니다.

둘째, 산수화와 풍경화는 공간을 표현하는 방법이 다릅니다. 산수화는 관찰한 대상의 특징을 살려 화면에 재구성하여 표현합니다. 즉 작가의 생각에 따라 사물의 크기나 모양, 위치에 변화를 주기도 합니다. 또 삼원법★을 적절히 사용하여 마음의 눈을 통해 자연을 주관적으로 해석하여 그림으로 표현하였습니다. 그에 반해 풍경화는 그리고자 하는 대상을 화면에 어떻게 배치하는지★를 중요시하였습니다. 즉 입체적인 공간을 평면에 보기 좋게 나타내기 위해 원근법과 명암법★을 사용하여 사실적으로 표현하였습니다.

이처럼 산수화와 풍경화는 ⊙   와/과 ⓛ   에서 뚜렷한 차이가 있습니다.

★ **관점**: 사물이나 현상을 관찰할 때, 그 사람이 보고 생각하는 태도나 방향.
★ **삼원법**: 산수화에서 사용되는, 자연을 바라보는 세 가지 시선.
★ **배치(排늘어설 배, 置둘 치)하는지를**: 일정한 차례나 간격에 따라 벌여 놓는지를.
★ **명암법**: 회화에서, 한 가지 색상의 명도 차에 의하여 입체감을 나타내는 기법.

06 내용 확인하기
다음에 해당하는 말을 찾아 쓰시오.

(1) 동양화에서 자연의 아름다움을 그린 그림: (   )
(2) 서양화에서 자연의 아름다움을 그린 그림: (   )

07 추론하기
이 글에 나타난 설명 방법은 무엇입니까? (   )

① 분류   ② 구분   ③ 열거
④ 예시   ⑤ 비교와 대조

도움말 산수화와 풍경화의 공통점과 차이점에 대해 설명하고 있습니다.

08 내용 확인하기

산수화의 특징에 해당하지 <u>않는</u> 것은 무엇입니까? (   )

① 삼원법을 적절히 사용하여 그린다.

② 자연을 눈으로 관찰해 멋진 장면을 사실적으로 그린다.

③ 자연을 빌어 작가의 정서와 정신세계를 담아내어 그린다.

④ 자연을 관찰하되 대상의 특징을 살려 화면에 재구성하였다.

⑤ 작가의 의지에 따라 사물의 크기, 모양, 위치에 변화를 주었다.

09 내용 요약하기

㉠과 ㉡에 들어갈 알맞은 내용을 쓰시오.

(1) ㉠: (   )

(2) ㉡: (   )

10 어휘 학습하기

다음 낱말을 포함하는 낱말은 무엇입니까? (   )

산수화

① 인물화   ② 풍경화   ③ 서양화

④ 동양화   ⑤ 진경산수화

11 어휘 학습하기

다음 낱말과 뜻이 반대되는 낱말은 무엇입니까? (   )

주관적

① 관념적   ② 정서적   ③ 객관적

④ 정신적   ⑤ 과도적

정답 바로 보기

맞힌 개수	/ 11개

편리한 캔, 위험한 캔

관련 교과 5-1 국어 '글을 읽고 글쓴이의 주장 파악하기' / 6-1 과학 '이산화 탄소의 성질 알아보기'

확인 문제

정답과 해설 **44**쪽

㈎ 식품을 오래 보관할 수 있는 캔[★]은 언제 어떻게 만들어졌을까요? 나폴레옹은 전쟁 중 군사들에게 먹일 음식을 썩지 않고 오래 저장하는 기술을 개발하는 사람에게 많은 상금을 약속하였습니다. 당시 요리사였던 니콜라 아페르는 살균한 유리병에 가열한 음식을 넣고 밀봉하는[★] 병조림을 발명하게 되었습니다. 병조림은 음식의 저장 기간을 크게 늘릴 수 있었으나 작은 충격에도 쉽게 깨지는 단점이 있었습니다. 그 뒤 1810년, 피터 듀란트는 양철[★]로 만든 통조림을 발명하였습니다. 통조림은 병조림보다 값도 싸고 운반도 쉬웠습니다.

㈏ 처음의 캔은 망치와 끌[★]을 사용하여 뚜껑을 열어야 하고 식품이 망가지는 등의 불편함이 있었는데, 이는 캔 따개와 캔 뚜껑의 진화로 이어졌습니다. 그 뒤 1959년 프레이즈가 캔 따개 없이 열 수 있는 지금과 유사한 고리가 달려 있는 캔을 생각해 냈습니다. 그 뒤 여러 기술이 개발되어 현재와 같은 원터치 캔으로 발전했습니다.

㈐ 캔에는 과학의 원리가 숨어 있습니다. 캔 뚜껑을 손쉽게 딸 수 있는 것은 바로 지렛대의 원리 때문이며, 탄산음료 캔의 바닥이 오목한 모양인 것은 음료수에 녹아 있는 이산화 탄소의 압력을 바닥에 고르게 펴기 위해서입니다.

★ **캔**: 양철 따위로 만든 통.
★ **밀봉하는**: 단단히 붙여 꼭 봉하는.
★ **양철(洋**서양 양, **鐵**쇠 철**)**: 안팎에 주석을 입힌 얇은 철판. 통조림통이나 석유통 따위를 만드는 데에 쓰인다.
★ **끌**: 망치로 한쪽 끝을 때려서 나무에 구멍을 뚫거나 겉면을 깎고 다듬는 데 쓰는 연장.

01 [내용 확인하기]
통조림을 최초로 발명한 사람은 누구인지 쓰시오.　　　　　　　(　　　　　　　　　)

02 [내용 확인하기]
캔의 장점은 무엇입니까? (　　　　)

① 망치와 끌을 사용해서 열어야 한다.
② 음식이 신선하고 영양분이 풍부하다.
③ 요리하는 데 시간이 많이 걸리지만 맛이 좋다.
④ 작은 충격에도 쉽게 깨져서 운반하기 불편하다.
⑤ 음식을 상하지 않고 오랫동안 쉽고 편리하게 보관할 수 있다.

03
캔 뚜껑을 쉽게 딸 수 있는 것은 무엇 때문인지 알맞은 것에 ○표를 하시오.

(1) 중력의 법칙 (　　　　) 　　　(2) 도르래의 원리 (　　　　　) 　　　(3) 지렛대의 원리 (　　　　　)

> 도움말 한 곳을 받침점으로 하여 작은 힘으로 무거운 물체 등을 움직이는 원리를 이용하여 캔 뚜껑을 따는 것입니다.

04
글 (가)~(다)의 중심 내용을 알맞게 선으로 이으시오.

(1) 　(가)　 •

(2) 　(나)　 •

(3) 　(다)　 •

• ① 　캔의 역사

• ② 　캔에 숨은 과학 원리

• ③ 　캔 따개와 캔 뚜껑의 진화

05
다음 빈칸에 들어갈 알맞은 내용을 간추려 쓰시오.

| 1810년, 통조림이 발명됨. | → | | → | 고리가 달려있는 캔을 생각해 냄. | → | 현재와 같은 원터치 캔으로 발전함. |

'햄 캔 만드는 과정' 바로 보기

캔 식품은 어떻게 만들어질까요?

햄 캔은 어떤 과정을 거쳐 만들어지는지 자세히 알아볼까요?

세척
햄을 넣기 전에 캔을 깨끗하게 함. →

충진
깨끗한 캔에 햄을 넣음. →

씨밍
햄 캔에 뚜껑을 덮음.

→ **멸균**
높은 온도와 기압으로 세균을 완전히 없앰. →

포장
유통 기한을 찍고 상자 안에 넣음.

㈎ 우리는 캔이나 병으로 된 통조림 식품을 매우 편리하게 자주 이용하고 있습니다. 그런데 이렇게 캔에 든 음식을 자주 먹는 것은 건강에 매우 좋지 않습니다. 어떤 위험이 숨어 있는지 자세히 살펴봅시다.

㈏ 첫째, 캔에는 퓨란이라는 환경 호르몬이 들어 있습니다. 퓨란은 캔을 멸균* 처리하는 과정에서 만들어진 것으로 탄수화물과 단백질의 아미노산이 가열되면서 생깁니다. 세계 보건 기구에서는 퓨란을 잠재적* 발암 물질 그룹으로 분류하였습니다. 국내 연구 결과에 따르면 국내에서 유통되는 통조림, 캔이나 병으로 된 음료수나 이유식 등의 가공식품을 조사한 결과 육류 통조림에서 가장 많은 퓨란이 검출되었다고 합니다. 퓨란은 휘발성*이기 때문에 조리한 뒤 식혀 먹으면 날아가지만, 캔이나 병으로 밀봉하면 퓨란이 저장될 가능성이 있다고 합니다. 그래서 통조림 식품을 지나치게 많이 먹지 않는 것이 좋으며, 통조림은 뚜껑을 딴 뒤 5분 정도 지나서 먹는 것이 좋습니다.

㈐ 둘째, 과일 통조림이나 탄산음료 캔에는 정제*

설탕이 많이 함유되어 있어 건강에 좋지 않습니다. 설탕이 적게 든 다이어트 탄산음료도 있지만, 여기에는 설탕이 아닌 단맛을 내는 인공 감미료*가 첨가되어 있어서 뇌에 치명적*이기 때문에 역시 건강에 좋지 않습니다.

㈑ 셋째, 햄 통조림 하나에 들어 있는 지방과 나트륨 등이 성인 총 권장량의 3분의 1이나 된다고 합니다. 그렇기 때문에 햄 통조림을 많이 먹으면 혈압이 높아지고 비만의 위험도 커집니다.

㈒ 한편 통조림 식품을 고를 때는 캔이 부풀거나 찌그러져 있는지 잘 살펴야 합니다. 캔 안에 부패 가스가 가득 차면 캔의 윗면과 아랫면이 부풀어 있습니다. 특히 참치 캔이 부풀어 있으면 보툴리누스균이라는 독성 물질이 생긴 것이므로 먹으면 안 됩니다. 그리고 캔의 겉면에 찍힌 유통 기한을 꼭 확인하여 기간 내에 섭취하는 것이 중요합니다.

㈓ 오늘날 통조림 식품은 간편하게 요리할 수 있어서 바쁜 현대인에게 꼭 필요한 식품이 되었습니다.

★ **멸균**: 세균 따위의 미생물을 죽임.
★ **잠재적**: 겉으로 드러나지 않고 숨은 상태로 존재하는 것.
★ **휘발성**: 보통 온도에서 액체가 기체로 되어 날아 흩어지는 성질.
★ **정제**: 물질에 섞인 불순물을 없애 그 물질을 더 순수하게 함.
★ **감미료(甘달 감, 味맛 미, 料거리 료)**: 단맛을 내는 데 쓰는 재료를 통틀어 이르는 말.
★ **치명적**: 생명을 위협하는 또는 그런 것.

06 주장이나 주제 파악하기
이 글의 내용은 무엇입니까? (   )

① 캔의 편리함
② 캔의 발명 과정
③ 캔을 만드는 재료
④ 캔 식품의 위험성
⑤ 캔 식품을 만드는 과정

07 내용 확인하기

통조림에 많이 들어 있어 몸에 좋지 않은 물질이 <u>아닌</u> 것은 무엇입니까? (　　　　)

① 퓨란　　　　　　　　② 지방　　　　　　　　③ 비타민
④ 나트륨　　　　　　　⑤ 정제 설탕

도움말 이 글에서 말하지 않은 물질을 찾아봅니다.

08 내용 요약하기

글쓴이가 주장을 뒷받침하기 위해 제시한 근거를 정리하여 빈칸에 알맞은 말을 쓰시오.

⑴ 캔에는 (　　　　　　　　　)(이)라는 환경 호르몬이 들어 있어 암을 일으킬 수 있다.
⑵ 과일 통조림이나 탄산음료 캔에는 (　　　　　　　　)이/가 많이 함유되어 있어 건강에 좋지 않다.
⑶ 햄 통조림 하나에 들어 있는 지방과 나트륨 등이 성인 권장량의 3분의 1이나 되어 혈압이 높아지고 (　　　　　　　　)의 위험이 커진다.

09 자료의 적절성 평가하기

글 (나)~(바) 중에서 글의 흐름과 동떨어진 내용은 어느 것입니까? (　　　　)

① (나)　　　　② (다)　　　　③ (라)　　　　④ (마)　　　　⑤ (바)

10 추론하기

글쓴이가 이 글을 통해 주장하려는 것은 무엇인지 쓰시오.

(　　　　　　　　　　　　　　　　　　　　　　　　　　　　　　　　　　　)

11 어휘 학습하기

다음 빈칸에 들어갈 알맞은 낱말은 무엇입니까? (　　　　)

병사는 코브라에 물려 [　　　　] 상처를 입고 병원에 실려 갔다.

① 잠재적　　　　　　　② 방어적　　　　　　　③ 객관적
④ 주관적　　　　　　　⑤ 치명적

정답 바로 보기 →　

맞힌 개수	/ 11개

인류의 발명품, 종이

관련 교과 4-1 과학 '재생 종이 만들기'

확인 문제

정답과 해설 **46**쪽

종이는 105년경 중국의 채륜에 의해 발명되었습니다. 그렇다면 종이가 발명되기 전에는 무엇을 사용했을까요?

원시 시대에는 돌이나 점토판에 뾰족한 물건으로 글자를 새기거나 거북의 등이나 동물의 뼈에 기록을 하였습니다.

고대 이집트에서는 파피루스 풀을 재료로 한 종이가 기원전 2,500년경 발명되었습니다. 파피루스의 껍질을 벗긴 뒤 속을 얇게 저며 나온 조각들을 가로와 세로로 나란히 놓고, 끈기 있는 액체로 붙인 후 건조하여 만든 것입니다. 파피루스는 구하기 쉽고 가벼운 재료로 오랫동안 사용되었습니다.

서양에서는 오랫동안 양피지를 종이로 사용했습니다. 기원전 190년경에 발명된 양피지는 양이나 송아지의 가죽을 잘 씻어 털을 제거하고, 표면을 갈아서 더 얇고 부드럽게 만든 것입니다. 양피지는 파피루스에 비해 더 견고하고 오랫동안 보존이 가능하지만 부피가 크고 가격이 비쌌습니다.

중국의 채륜은 나무껍질과 삼베 뭉치, 헝겊 조각, 물 등을 돌 절구통에 넣고 짓이긴 후 나온 식물의 섬유질을 체로 걸러 내어 말리는 종이 제조법을 정리하여 보급하였습니다. 종이 제조법은 계속 발전하였고, 종이의 발전과 함께 인쇄술도 발전하였습니다. 종이는 아라비아를 거쳐 유럽으로 전파되었는데, 유럽에서는 종이 생산 기계가 발명되어 점차 종이의 대량 생산이 가능하게 되었습니다.

★ **저며**: 여러 개의 작은 조각으로 얇게 베어 내어.

★ **양피지(羊**양 양, **皮**가죽 피, **紙**종이 지): 양의 생가죽을 얇게 펴서 약품 처리한 후에 표백하여 말린, 글을 쓰는 데 사용하는 재료.

★ **짓이긴**: 함부로 마구 짓찧어 다진.

★ **전파(傳**전할 전, **播**뿌릴 파)**되었는데**: 전하여 널리 퍼졌는데.

01 **내용 요약하기**
파피루스를 만드는 순서에 맞게 기호를 쓰시오.

> ㉮ 파피루스 껍질 벗기기 ㉯ 잘라낸 속을 나란히 놓기
>
> ㉰ 파피루스의 속을 얇게 저미기 ㉱ 끈기 있는 액체로 붙이고 건조시키기

( ) → ( ) → ( ) → ( )

02 내용 확인하기

양피지의 특징으로 알맞은 것을 골라 ○표를 하시오.

(1) 거북의 등을 두드려 얇게 펴서 만든다. ( )

(2) 파피루스에 비해 오랫동안 보존이 가능하다. ( )

(3) 만드는 재료를 구하기 쉽고 가격이 저렴하다. ( )

도움말 양피지는 양이나 송아지의 가죽을 얇게 펴서 약품 처리를 한 후에 말려서 사용했습니다. 동물의 가죽을 이용하였기 때문에 가격이 비쌌습니다.

03 내용 확인하기

채륜이 만든 종이에 대한 설명으로 알맞은 것은 무엇입니까? ( )

① 갈대를 얇게 저며 만들었다.

② 동물의 뼈를 짓이겨서 만들었다.

③ 식물의 섬유질을 이용하여 만들었다.

④ 종이 생산 기계를 이용하여 만들었다.

⑤ 아라비아에서 종이 제조법을 배워 와서 만들었다.

4주차 5일
공부한 날
월 일

04 이어질 내용 예측하기

이 글의 뒷부분에 이어질 내용으로 알맞은 것을 골라 기호를 쓰시오.

> ㉮ 종이 제작의 역사
> ㉯ 서양이나 중국의 전통 종이
> ㉰ 종이의 대량 생산이 가져온 변화

( )

05 어휘 학습하기

이 글에 나온 낱말과 그 뜻을 알맞게 선으로 이으시오.

(1) 저미다 •   • ① 함부로 마구 짓찧어 다지다.

(2) 짓이기다 •   • ② 여러 개의 작은 조각으로 얇게 베어 내다.

06 어휘 학습하기

다음과 같은 뜻을 가진 낱말은 어느 것입니까? ( )

> 전하여 널리 퍼지다.

① 발전하다   ② 보존하다   ③ 견고하다

④ 전파되다   ⑤ 제조하다

종이의 발명은 사회 변화와 문화 발전에 큰 영향을 끼쳤습니다. 과거에는 귀족이나 부자들만 책을 가질 수가 있었습니다. 양피지의 값도 비싸고, 손으로 일일이 책의 내용을 베껴 써야 했기 때문에 책은 귀한 물건이었습니다.

그러나 종이의 대량 생산과 인쇄술의 발달로 일부 계층에만 국한*되었던 교육과 지식이 일반인에게까지 널리 퍼졌고, 이는 사회를 변화시키는 원동력*이 되었습니다. 사람들은 책이나 인쇄물을 통해서 보다 손쉽게 정보를 얻을 수 있었으며 다음 세대에게 지식과 문화를 전할 수 있게 되었습니다. 그리고 종이 위에 그려진 그림이나 악보 등의 예술 작품은 인류의 소중한 문화유산이 되었습니다.

또한 종이의 발명으로 인간의 삶은 더 편리해졌습니다. 화장실의 휴지, 지갑 속의 지폐, 간편하게 사용할 수 있는 일회용품 등 종이가 없는 삶은 상상할 수 없을 정도가 되었습니다.

하지만 종이의 대량 생산은 문제점도 함께 가져왔습니다. 바로 환경 파괴입니다. 종이를 만들기 위해서는 많은 양의 나무가 필요합니다. 보호해야 할 나무까지도 무분별하게 벌목*하였으며, 종이를 만들 때 나오는 폐수의 양도 많아지게 되었습니다. 종이컵과 같은 일회용품의 사용량이 급증하면서 쓰레기 처리 문제도 심각해졌습니다.

이런 문제가 나타나면서 종이도 다양한 모습으로 변화되고 있습니다. 종이의 과소비를 막기 위하여 재생 종이를 만들어 사용하거나 펄프를 사용하지 않고 다양한 재료로 종이를 만드는 연구가 진행되고 있습니다. 또한 종이의 느낌을 그대로 느낄 수 있도록 하는 전자 종이에 대한 연구도 활발하게 이루어지고 있습니다.

★ **국한(局판 국, 限한할 한)되었던**: 범위를 일정한 부분에 한정되었던.
★ **원동력(原근원 원, 動움직일 동, 力힘 력)**: 어떤 움직임의 근본이 되는 힘.
★ **벌목하였으며**: 산이나 숲의 나무를 베었으며.

주장이나 주제 파악하기

07 글쓴이가 설명하고 있는 내용은 무엇입니까? (   )

① 전자 종이의 특징
② 종이 만드는 방법
③ 종이의 가격 변화
④ 종이를 만드는 재료
⑤ 종이의 발명이 가져온 변화

내용 확인하기

08 종이의 대량 생산이 가져온 긍정적인 변화를 골라 ○표를 하시오.

(1) 종이 과소비 문제가 나타났다.   (   )
(2) 사람들의 삶이 더 편리해졌다.   (   )
(3) 정보와 지식을 일부 계층만 소유하게 되었다.   (   )

09 추론하기

종이의 대량 생산이 가져온 문제점을 해결할 수 있는 방법이 <u>아닌</u> 것은 무엇입니까? (   )

① 휴지를 아껴 쓴다.

② 이면지를 사용한다.

③ 과대 포장을 하지 않는다.

④ 각종 청구서를 종이로 받는다.

⑤ 재생 종이로 만든 상품을 구입한다.

도움말 종이의 대량 생산은 환경 파괴라는 문제점을 가져왔습니다. 이 문제를 해결하는 방법은 종이를 아껴 쓰는 것입니다.

10 내용 확인하기

이 글에서 종이로 만든 물건이 <u>아닌</u> 것은 무엇입니까? (   )

① 책   ② 악보   ③ 지폐

④ 종이컵   ⑤ 전자 종이

11 추론하기

미래에는 종이의 모습이 어떻게 변화할지 생각해 쓰시오.

(   )

12 어휘 학습하기

이 글에 나온 낱말과 그 뜻을 알맞게 선으로 이으시오.

(1) 국한   •   • ① 산이나 숲의 나무를 벰.

(2) 벌목   •   • ② 범위를 일정한 부분에 한정함.

정답 바로 보기

맞힌 개수	/ 12개

쉬어 가기

다음 낱말의 뜻을 찾아 빈칸에 알맞은 번호를 쓰세요.

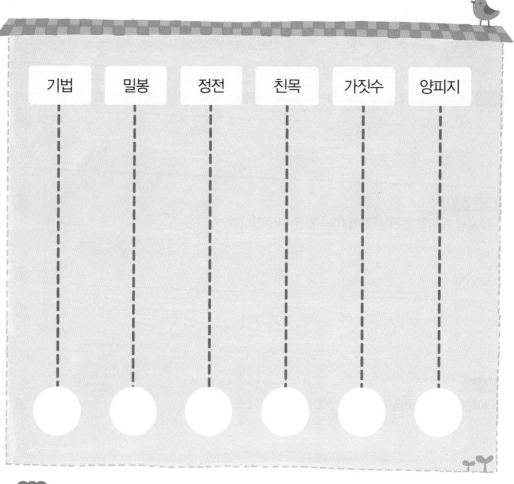

| 기법 | 밀봉 | 정전 | 친목 | 가짓수 | 양피지 |

보기

① 종류의 수효.

② 서로 친하여 화목함.

③ 단단히 붙여 꼭 봉함.

④ 왕이 나와서 조회를 하던 궁전.

⑤ 교묘한 기술이나 방법을 아울러 이르는 말.

⑥ 양의 생가죽을 얇게 펴서 약품 처리를 한 후에 표백하여 말린, 글을 쓰는 데 사용하는 재료.

메모

4주 완성 독해력 5단계

1주차 정답

1주차 1일

사라지지 않는 물

연계 교과 5-1 국어 '낱말을 만드는 방법 알기' / 4-2 과학 '물의 상태 변화'

확인 문제

우리는 매일 물을 사용합니다. 마실 때, 요리할 때, 설거지와 빨래를 할 때, 샤워할 때에도 씁니다. 이렇게 날마다 쓰는 물은 어디로 가는 것일까요? 우리가 쓴 물은 모두 사라져 버리는 것일까요? 그렇지 않습니다. 지구 표면의 70% 정도가 물인데, 이것은 수천 년 동안 늘어나지도 줄어들지도 않았다고 합니다. 어떻게 물이 사라지지 않고 같은 양을 유지하고 있는 것일까요? 물의 순환 과정을 따라가면서 그 비밀을 풀어 봅시다.

물은 다양한 모습으로 존재합니다. 기체인 수증기, 액체인 물, 고체인 얼음이 그것입니다. 지구에 있는 물의 약 97%는 바닷물의 형태로 가장 많이 존재합니다. 이 바닷물은 태양열에 의해 데워지면서 수증기가 되어 하늘로 올라갑니다. 이 수증기가 하늘 높게 올라갈수록 온도가 낮아지기 때문에 작은 물방울로 다시 변합니다. 그런 작은 물방울들이 하늘에서 모이면 바로 구름이 됩니다. 구름 속 물방울은 여기저기를 떠돌다가 중력이 중력의 힘을 이기지 못하고 비가 되어 다시 바닷물로 떨어집니다. 이런 과정을 통해 증발했던 바닷물이 사라지지 않고 다시 돌아오는 것입니다.

★ **수증기**: 기체 상태로 되어 있는 물.
★ **중력**(重무거울 중, 力힘 력): 지구 위의 물체가 지구로부터 받는 힘.
★ **증발하였던**: 어떤 물이 액체 상태에서 기체 상태로 변하였던.

내용 확인하기

1 이 글의 내용으로 알맞은 것에 ○표를 하시오.

(1) 물은 다양한 모습으로 존재한다. ( )
(2) 지구상의 물은 계속해서 줄어들고 있다. ( )
(3) 증발한 바닷물은 수증기가 되어 하늘 끝까지 올라가 없어진다. ( )

내용 확인하기

2 이 글에서 바닷물의 모습은 어떻게 변하였는지 빈칸에 들어갈 알맞은 말을 쓰시오.

바닷물 →(수증기)→( )→ 구름(작은 물방울) →(비)

8 4주 완성 독해력 5단계

정답과 해설 2쪽

어휘 학습하기

3 ㉠에서 설명한 현상을 나타내는 낱말은 어느 것입니까? (②)

① 증발 ② 응결 ③ 기온 ④ 발열 ⑤ 건조

도움말 4학년 과학 시간에 배운 수증기가 액체인 물이 되는 현상을 무엇이라고 하는지 떠올려 봅니다.

표현의 적절성 평가하기

4 ㉡에 들어갈 알맞은 말에 ○표를 하시오.

(1) 밀어 ( ) (2) 밀려 (○) (3) 밀고 ( )

추론하기

5 물이 모습을 바꿀 수 있는 까닭을 바르게 말한 친구의 이름을 쓰시오.

현빈: 물이 모습을 바꾸는 것은 마음대로인 것 같아. 물이 변신에 어떤 규칙이 있는 것 같지는 않아.

태준: 물이 모습을 바꾸는 것은 바로 열 때문인 것 같아. 열을 받으면 물이 수증기로, 열을 빼앗기면 다시 물방울로 변하는 거야.

영웅: 물이 모습을 바꾸는 까닭은 바로 장소의 변화 때문이야. 낮은 곳에서는 물이 수증기로, 높은 곳에서는 다시 물로 변하니까 말이야.

(태준)

보너스 강의

물의 순환 과정

물이 양이 변하지 않는 까닭은 물의 순환 과정을 통해 자세히 알아볼까요?

(물의 순환 바로 보기)

주인점 04. 동작을 담아내는 주어와 서술어의 호응을 생각하며 '밑다'이 어떤 형태가 오면 좋을지 생각하도록 지도해 주세요.

2

정답과 해설 3쪽

시작 문제

우리가 마신 물은 어디로 갈까요? 우리 몸속으로 들어온 물은 땀이나 눈물, 소변 등이 되어 다시 몸 밖으로 나옵니다. 땀이나 눈물로 배출된 물은 증발하면 수증기가 되어 하늘로 올라갑니다. 바닷물에서 증발한 수증기가 하늘에서 구름이 되고 다시 비가 되어 내리듯 우리 몸에서 밖으로 나온 눈물로 증발한 물 역시 사라지지 않고 모습만 바뀝니다. 한번 소변으로 배출된 물은 하수도 관을 따라 하수 처리장에 모여 여러 과정을 거쳐 정화된 다음 깨끗한 물이 되어 다시 강으로 갑니다. 따라서 우리가 마신 물은 결코 사라지지 않는 것이지요.

비가 되어 땅으로 내려온 물은 어떻게 될까요? 땅으로 내려와 스며든 물은 지하수가 되어 흐르다가 강이나 바닷물을 흘러갈 수도 있고, 식물의 뿌리에 흡수되기도 합니다. 식물 역시 물을 흡수하 면 사람처럼 다시 배출합니다. 식물은 뿌리에서 물을 흡수하여 물관을 통해 잎으로 물을 보냅니다. 식물의 잎에는 기공이라는 작은 구멍 이 있는데, 기공이 열리면서 기공을 열어 물을 내 보냅니다. 바로 물의 증발 작용이 일어나는 것입 니다. 식물의 잎에서 증발한 물 역시 하늘로 올라 이나 비가 되어 사라지지 않고 모습을 바꾸다가 ⊙이/가 되어 다시 땅으로 떨어지게 됩니다.

이처럼 지구의 물은 결코 없어지거나 사라지지 않고 그 모습과 있는 장소만 바꾸며 여행을 계속 합니다. 그리고 물이 모습을 바꿀 때에는 반드시 열에너지를 얻거나가 잃으면서 모습을 바꿉니다. 얼음이 열을 얻으면 물이 되고, 물이 다시 열을 얻으면 수증기가 됩니다. 반대로 수증기가 열을 잃으면 물이 되고, 더 많은 열을 잃으면 얼음이 됩니다. 이렇게 물은 변신의 연속인 것입니다.

* 배출(排出)할 배, 날 출: 안에서 밖으로 밀어 내보내다.
* 정화된 : 불순하거나 더러운 것이 깨끗하게 된
* 변신 : 몸의 모양이나 태도 따위를 바꿈.

내용 확인하기

⑥ 우리가 마신 물의 이동 경로로 알맞은 것에 ○표를 하시오.
(1) 몸속에 흡수되어 영원히 사라진다. ( )
(2) 소변 등이 되어 몸 밖으로 나왔다가 하수 처리장을 거쳐 강으로 간다. (○)

추론하기

⑦ ⊙에 들어갈 알맞은 말을 모두 고르시오. (①) . (②) . (⑤)
① 비   ② 눈   ③ 안개   ④ 이슬   ⑤ 우박
[도움말] 하늘에서 내리는 물의 형태를 생각해 보고, 그것을 부르는 이름들을 모두 떠올려 봅니다.

내용 확인하기

⑧ 물이 모습을 바꿀 때 꼭 필요한 것은 무엇인지 찾아 쓰시오.
(열에너지)

내용 요약하기

⑨ 빈칸에 알맞은 말을 넣어 이 글의 내용을 요약해 쓰시오.
(1) (예) 우리가 마신 물 은 사라지지 않는다.
(2) 비가 되어 땅으로 내려온 물은 ((예) 사라지지 않는다).
(3) 지구상의 물은 사라지지 않고 (예) 모습)와/과 (예) 장소)만 바꾸면서 여행을 계속한다.

주장이나 주제 파악하기

⑩ 이 글을 읽고 알 수 있는 글쓴이의 생각은 무엇입니까? (⑤)
① 물은 소중하다.
② 물을 아껴 써야 한다.
③ 지구상의 물은 모습을 바꾸면서 사라진다.
④ 지구상의 물은 높은 곳에서 낮은 곳으로 흐른다.
⑤ 지구상의 물은 없어지거나 사라지지 않고 일정한 양을 유지한다.

어휘 학습하기

⑪ 다음 낱말의 관계로 알맞은 것에 ○표를 하시오.
흡수, 배출
(1) 뜻이 비슷한 낱말의 관계 ( )   (2) 뜻이 반대되는 낱말의 관계 (○)

어휘 학습하기

⑫ 다음을 참고하여 알맞은 낱말을 만들어 쓰시오.
변색
(1) 빛깔을 바꿈. → 변 ( )
물의 모양을 바꿈. → 변 ( )
(2) 속도를 바꿈. → 변 속
변속

맞힌 개수 [ ] / 12개

[정답 바로 보기]

[주인점] 12. '바꾸다'라는 뜻을 가진 '변'이란 한자어를 알려준 뒤에, 빛깔을 뜻하는 한자어인 '색', 속도를 뜻하는 한자어인 '속'을 덧붙여 새로운 낱말을 만들 수 있음을 지도해 주세요.

3

주인정 04. 이 글은 무엇을 설명하고 있는지, 어떤 방법으로 설명하고 있는지 파악한 후 내용을 정리하는 앞부분 글을 선택할 수 있도록 지도해 주세요.

4

1주차 2일

다슬기는 우렁이와 달라요

관련 교과 5-1 국어 '여러 가지 설명 방법' / 3-2 과학 '물에 사는 동물'

확인 문제

정답과 해설 4쪽

여름철 냇가에서 허리를 구부린 채 물속을 들여다보며 우렁이나 다슬기를 잡은 경험이 있나요? 우렁이와 다슬기는 물가에서 흔히 채취하여 요리해 먹을 수 있는 재료로, 우렁 쌈밥이나 다슬기국 등이 우렁이와 다슬기를 이용해 만든 음식입니다. 둘 다 삶아서 속에 있는 알맹이만 빼서 먹는데, 좁쌀과 비슷하여 우렁이와 다슬기를 혼동하는 사람이 많습니다. 그러나 우렁이와 다슬기는 겉모습과 사는 환경 등 차이점이 많습니다. 우렁이와 다슬기의 공통점과 차이점을 알아봅시다.

우렁이와 다슬기는 둘 다 연체동물로, 물에 실제 프불로클칼한 나선 모양의 껍데기가 있습니다. 낳것으로 씨앗을 때에는 기생충에 감염될 수 있기에 둘 다 잘 익혀서 먹어야 한다는 공통점이 있습니다.

둘은 차이점도 많습니다. 먼저 크기와 모양이 다릅니다. 우렁이의 껍데기는 다슬기보다 더 크고 둥글고, 다슬기의 껍데기는 우렁이보다 작고 뾰족한 나선 모양입니다. 둘이 사는 곳도 다릅니다. 우렁이는 많은 물에서 잘 자랍니다. 또 다슬기는 깨끗한 저수지의 고인 물에서 자랍니다. 또한 우렁이는 물 밖 풀 위에 알을 낳는 것도 차이는 물속에 알이나 새끼를 낳지만, 우렁이는 물 밖 풀 위에 알을 낳는 것도 차이점입니다.

주제나 소재 파악하기
1 이 글은 무엇에 대해 설명한 글입니까? (④)

① 물에 사는 생물
② 우렁이와 다슬기의 맛
③ 여름철 냇가에서 하는 놀이
④ 우렁이와 다슬기의 공통점과 차이점
⑤ 우렁이와 다슬기를 이용한 요리 방법

도움말 첫 번째 문단에서 무엇을 알아보자고 하였는지 확인해 봅시다.

내용 확인하기
2 우렁이와 다슬기의 공통점이 아닌 것은 무엇입니까? (③)

① 물에 산다.
② 연체동물이다.
③ 물속에 알을 낳는다.
④ 잘 익혀서 먹어야 한다.
⑤ 껍데기가 나선 모양이다.

내용 확인하기
3 다음과 같은 특징이 있는 생물의 이름을 찾아 쓰시오.

• 껍데기가 크고 둥글다.   • 물 밖 풀 위에 알을 낳는다.   • 논이나 저수지 등 고인 물에 산다.

(우렁이)

글의 구조 파악하기
4 이 글의 설명 방법과 내용을 정리하는 틀로 알맞은 것에 ○표를 하시오.

(1) 비교와 대조   (2) 열거

어휘 학습하기
5 다음 빈칸에 들어갈 알맞은 말을 골라 선으로 이으시오.

(1) 산에서 약초를 [   ]하였다.   ·   · ① 채취
(2) 오징어는 뼈가 없는 [   ]이다.   ·   · ② 감염
(3) 손을 잘 씻지 않으면 전염병에 [   ]될 수도 있다.   ·   · ③ 연체동물

★ **채취하여**: 풀, 나무, 돌 따위를 찾거나 캐거나 하여 얻어 내.
★ **연체동물**: 뼈 없이 연하고 무른 동물을 가진 동물.
★ **기생충(寄生蟲)**: 기, 초생 생. 충: 다른 동물체에 붙어서 양분을 빨아 먹고 사는 벌레.
★ **감염**: 병원체인 미생물이 동물이나 사람의 몸에 들어와 증식함.

실전 문제

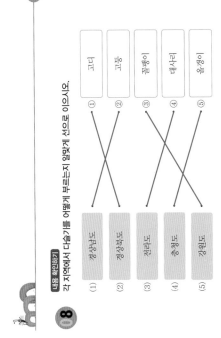

정답과 해설 5쪽

다슬기는 강이나 하천 같은 민물에서 흔히 볼 수 있는데, 특히 청정 1급수인 맑은 물에서 잘 자랍니다. 깨끗한 곳에서만 사는 반딧불이의 *유충*이 먹이 중 하나가 바로 이 다슬기입니다. 몸길이가 2cm 정도인 다슬기는 원뿔이 나선형 껍데기로 둘러싸여 있으며, 검은 갈색이나 누런 갈색이고 때로 회 *흑*무늬가 있습니다. 사는 곳에 따라 검은색 바닥 환경에 따라 약간 다릅니다. 잘 보면 다슬기의 머리에는 더듬이처럼 생긴 한 쌍이 달려 있고, 먹이를 갉아먹을 수 있는 입이 있습니다.

다슬기는 여기저기의 지역마다 부르는 이름이 다양합니다. 매개 경상남도에서는 고둥, 경상북도에서는 고디, 전라도에서는 '올뱅이', 강원도에서는 '달팽이', 충청도에서는 '올갱이'라고도 부릅니다.

다슬기는 아미노산과 타우린이 풍부해서 간 기능 회복과 해소에 효과적이고, 소화불량이 나 눈의 충혈에도 도움을 줍니다. 예부터 우리 조상들도 다슬기의 효능을 알고 있었기에 '동의보감'과 '본초강목'에도 다슬기의 효능이 기록되어 있습니다.

이러한 다슬기는 간단히 삶아 먹어도 맛있지만 구슬 끓은 바으면 별미입니다. 올갱이국이 바로 다슬기를 끓여 만든 국입니다. 끓는 물에 깨끗이 씻은 다슬기를 넣고 소금 간을 하여 2~3분 정도 파내고 끓인 후 전체 냄비다. 이쑤시개로 다슬기 살을 파내고 끓인 물은 버리지 않고 그대로 이용해 다 슬기 살과 아욱, 부추, 된장을 알맞게 넣고 다시 끓이면 건강에 좋은 올갱이국이 됩니다.

* 유충: 알에서 나온 후 아직지 다 자라지 아니한 벌레.
* 숙취: 술에 취해 이튿날까지 깨지 아니하는 취기.
* 해소: 어려운 일이나 문제가 되는 상태를 해결하여 없애 버림.
* 별미(別味): 별날 별, 맛(味) 미: 특별히 좋은 맛. 또는 그 맛을 지닌 음식.

주장이나 주제 파악하기

6 이 글에서 설명하고 있는 내용이 아닌 것은 무엇입니까? (③)

① 다슬기의 모양
② 다슬기의 효능
③ 다슬기의 먹이
④ 다슬기로 만든 요리
⑤ 다슬기를 부르는 여러 이름

내용 확인하기

7 다슬기의 생김새에 대한 설명으로 알맞지 않은 것은 무엇입니까? (①)

① 다슬기의 모양은 모두 똑같다.
② 먹이를 갉아먹을 수 있는 입이 있다.
③ 달팽이처럼 더듬이 한 쌍이 달려 있다.
④ 몸길이가 2cm 정도되는 원뿔이 나선 모양이다.
⑤ 검은 갈색이나 누런 갈색이고 때로 회 흑무늬가 있다.

내용 확인하기

8 각 지역에서 다슬기를 어떻게 부르는지 알맞게 선으로 이으시오.

(1) 경상남도		① 고디
(2) 경상북도		② 고둥
(3) 전라도		③ 달팽이
(4) 충청도		④ 올뱅이
(5) 강원도		⑤ 올갱이

내용 확인하기

9 다슬기를 먹으면 어디에 좋은지 모두 고르시오. (② . ③ . ④)

① 코 　② 눈 　③ 간 　④ 위 　⑤ 목

추론하기

10 다슬기를 잡는 장소로 알맞은 곳을 골라 ○표를 하시오.

(1) 맑은 물이 흐르는 계곡 (○)
(2) 파도가 세게 치는 바닷가 ( )
(3) 논이나 저수지 등 진흙이 많고 물이 고인 곳 ( )

도움말 다슬기는 민물에서 흔히 살 수 있으며 청정 1급수에서 잘 자란다고 하였습니다.

어휘 학습하기

11 다음 빈칸에 들어갈 알맞은 낱말을 찾아 쓰시오.

가래떡을 구워서 꿀에 찍어 먹으면 정말 (별미)이다.

정답 바로 보기

맞힌 개수	/ 11개

주안점 09. 다슬기의 효능을 설명한 부분을 다시 읽고, 다슬기를 먹으면 우리 몸이 어디가 좋아지는지 찾을 수 있도록 지도해 주세요.

1주차 3일
사춘기가 궁금해요

관련 교과 : 5학년 체육 '사춘기에 나타나는 몸과 마음의 변화'

정답과 해설 6쪽

이전과 달리 짜증이 많아지고 반항하는 모습을 자주 보이는 아이들에게 주변 어른들은 "사춘기인가 보다."라는 말을 하곤 합니다. 과연 사춘기가 뭘까? 국어사전에서 '사춘기'라는 단어의 뜻을 찾아보면 '육체적·정신적으로 성인이 되어 가는 시기.'라고 나옵니다. 사춘기는 보통 나이가 15~20세 정도일 때로, 몸과 마음이 아이에서 어른으로 성장해 가는 시기를 말합니다.

그렇다면 사춘기에는 어떤 특성들이 나타날까요? 사춘기의 특징에 대해 자세히 알아봅시다.

먼저 사춘기에는 호르몬 변화에 따라 2차 성징이 나타납니다. 1차 성징은 태어나면서부터 갖게 된 남녀를 구별할 수 있는 생식기의 구분을 뜻합니다. 2차 성징에는 성호르몬의 분비가 증가하면서 남자는 어깨가 벌어지고 목소리가 굵어지며, 여자는 가슴이 나오고 엉덩이가 커집니다. 또 남자는 콧수염이 나기도 하며, 여자는 월경을 시작하게 됩니다. 남자와 여자 모두 어른처럼 겨드랑이 등에 털이 자라기 시작합니다.

학인 문제

주장이나 주제 파악하기

1 이 글은 무엇에 대해 설명한 글입니까? (③)

① 유아기의 특징
② 아동기의 특징
③ 사춘기의 특징
④ 청소년기의 특징
⑤ 노년기의 특징

어휘 학습하기

2 '사춘기'의 사전적 의미를 찾아 쓰세요.

(육체적 · 정신적으로 성인이 되어 가는 시기)

16 4주 완성 독해력 [5단계]

3일

내용 확인하기

3 사춘기의 시기로 알맞은 것은 무엇입니까? (③)

① 만 1세~6세 정도
② 6~13세 정도
③ 15~20세 정도
④ 9~24세 정도
⑤ 30~40세 정도

내용 확인하기

4 사춘기 때 나타나는 신체적 변화로 알맞지 않은 것은 무엇입니까? (④)

① 체모가 자라기 시작한다.
② 여자는 월경을 시작한다.
③ 여자는 가슴과 엉덩이가 커진다.
④ 짜증이 많아지고 반항하는 모습을 보인다.
⑤ 남자는 어깨가 벌어지고 목소리가 굵어진다.

도움말 사춘기의 특징 중 신체적 변화와 정서적 변화를 구별하도록 합니다.

내용 요약하기

5 이 글을 읽고 알게 된 사춘기의 중요한 특징을 한 가지 쓰세요.

(예) 성호르몬의 분비가 증가하여 신체에 여러 가지 변화가 나타난다.

도대체 사춘기가 뭐야? 바로 보기

보너스 강의
사춘기의 여러 가지 변화

■ 신체적 변화: 남자는 남성 호르몬 때문에 목소리가 굵어지며 근육이 늘어나고, 여자는 여성 호르몬 때문에 월경을 시작하며, 지방 비율이 증가하여 가슴과 엉덩이가 커지는 2차 성징이 나타납니다.

■ 정서적 변화: 짜증, 반항, 다툼 등이 찾아지며 정서를 경험합니다. 사춘기를 '질풍노도의 시기'라고 부르기도 합니다.

■ 관계의 변화: 이성에 대한 호기심이 많아지며, 가족과 함께 있는 시간보다 친구와 함께 있는 것을 더 선호하고, 연예인에 열광하는 등의 경향을 보입니다.

■ 인지적 변화: 전두엽의 발달로 추상적 개념을 다룰 수 있게 되고, 사고를 더 잘 통제하며, 자신의 인지적 과정을 타인에게 쉽게 설명할 수 있습니다.

 '반항기', '질풍노도의 시기'로 불리는 사춘기에 나타나는 여러 가지 변화에 대해 좀 더 자세히 알아볼까요?

1주차 3일 17

★ 성징: 남과 여, 암컷과 수컷을 구별하는 형태적, 구조적, 행동적 특징.
★ 분비(分 나눌 분 · 泌 분비할 비): 생세포의 작용에 의하여 만드는 액즙을 배출관으로 보내는 일.
★ 월경: 성숙한 여성의 자궁에서 주기적으로 출혈하는 생리 현상.
★ 체모: 몸털.

주안점 01. 이 글을 통해 설명하려는 내용은 무엇인지 파악할 수 있게 지도해 주세요.

정답과 해설 7쪽

시선 문제

이처럼 급격한 신체적 변화를 경험하기 때문에 마음도 혼란스러운 시기가 바로 사춘기입니다. 마음이 답답하거나 우울하기도 하고, 하루에도 여러 번 변덕스러운 마음이 생겨나기도 합니다. 이는 성호르몬의 분비가 활발해지면서 내부의 예 너지가 촉발 작전의 화산처럼 끓어오르기 때문입니다. *충동을 강하게 느끼며 이성에 관심을 갖기 시작합니다. 그리고 상황을 받아들이고 조절하는 능력이 아직 약하고 정신적으로 불안정한 상태여서 사소한 일에도 짜증을 내거나 기분 상태가 하기도 하고, 어른들과 의견 차이로 큰 다툼을 벌이기도 합니다.

또한 사춘기에는 ㉠외모에 관심이 많아지기도 합니다. 씻기를 싫어하던 남자 아이들도 반하여 씻고 싶어 하고, 여자 아이들은 화장을 하기도 하며, 다이어트를 하기도 합니다. 매일 거울을 들여다보며 얼굴에 난 여드름에 한숨을 쉬기

도 하고, 머리 모양도 바꿔보며 외모를 가꾸기도 합니다.

매우 독립적인 모습을 보이는 것도 사춘기의 또 다른 특징입니다. 다른 사람이 자신의 물건에 손 대는 것을 싫어하며 일기장을 잠그어 두 기도 합니다. 그래서 자신만의 공간을 갖기를 원 하며 방문을 꽝꽝 닫고는 가족들이 접근 못하게 하는 경우도 있습니다. 특히 요즘은 사춘기 연령 이 낮아져 초등학생들도 사춘기를 맞이합니다. '독립성'은 초등 사춘기의 큰 특징 중 부모의 통제에서 벗어나려고 합니다.

지금까지 사춘기의 특징에 대해 대략적으로 살 펴보았습니다. 사춘기를 겪는 시기와 사춘기에 나타나는 심리적, 신체적 변화 등은 사람마다 다르지 만, 어른이 되어가는 자연스러운 과정으로 받아 들이고 이해하려는 마음이 필요합니다.

* 변덕(變덕)스럽다: 변, 勇덕 데스러운.
* 충동: 순간적으로 어떤 행동을 하고 싶은 욕구를 느끼게 하는 마음의 자극.
* 통제: 일정한 방침이나 목적에 따라 행위를 제한하거나 제재함.

[내용 확인하기]

6 초등 사춘기의 큰 특징을 찾아 세 글자로 쓰시오.

(독립성)

[사실과 의견 구별하기]

7 글쓴이의 의견으로 알맞은 것을 골라 ○표를 하시오.

(1) 사춘기는 마음이 혼란스러운 시기이다. ( )

(2) 사춘기에는 몸매나 외모에 관심이 많다. ( )

(3) 사춘기를 겪는 시기와 사춘기에 나타나는 변화 등은 사람마다 다르다. ( )

(4) 사춘기를 겪는 어른이 되어가는 자연스러운 과정으로 받아들이고 이해하려는 마음이 필요하다. (○)

[내용 요약하기]

8 다음은 이 글의 내용을 요약한 것입니다. 빈칸에 들어갈 알맞은 내용을 정리해 쓰시오.

(1) 사춘기는 급격한 신체적 변화 때문에 마음도 혼란스러운 시기이다.

(2) (예) 사춘기에는 외모에 관심이 많아지기도 한다.

(3) (예) 사춘기의 아이들은 매우 독립적이다.

도움말 각 문단의 중심 문장을 찾아 정리할 수 있도록 합니다. 문단의 중심 문장은 문단 처음에 위치하는 경우가 많습니다.

[근거의 타당성 판단하기]

9 다음의 고민에 대해 알맞은 해결 방법을 제시한 친구의 이름을 쓰시오.

"부모님이 내 일기장을 몰래 보시는 것 같아. 너무 화가 나."

준영: 부모님이 몰래 일기장을 보실 때 사진을 찍어서 일기장을 신고하는 것이 좋겠어.

태이: 남의 일기장을 왜 보냐고 화를 내면 다시는 일기장을 몰래 보지 않으실 거야.

현지: 부모님께 나도 이제 자랐으니 나만의 비밀이나 사생활을 지키고 싶다고 말씀드리고, 정중하게 일기를 보지 마시라고 부탁드리는 것이 어떨까?

(현지)

[어휘 학습하기]

10 다음 낱말 중에서 사춘기와 거리가 먼 낱말을 골라 쓰시오.

불규칙한   조절하는   혼란스러운   변덕스러운

(조절하는)

[어휘 학습하기]

11 ㉠과 반대의 의미로 쓰이는 낱말은 어느 것입니까? (①)

① 내면 ② 얼굴 ③ 몸매
④ 생김새 ⑤ 겉모습

정답 바로 보기

맞힌 개수 ___ / 11개

주인점 07. 글에서 파악할 수 있는 사춘기에 대한 정보인 사실과 글쓴이가 덧붙이고 있는 내용인 의견을 구별할 수 있도록 지도해 주세요.

7

1주차 4일

조선의 신분 제도

관련 교과: 5-1 국어 '근거의 적절성 파악하며 글 읽기' / 5-2 사회 '유교 문화가 발달한 조선'

정답과 해설 8쪽

확인 문제

신분이란 개인의 사회적인 위치나 계급을 말하는데, 조선 시대에는 양반, 중인, 상민, 천민으로 나누었습니다. 조선 시대 사람들은 타고난 신분에 따라 *특권을 누리거나 많은 일을 해야 하는 등 차별을 받으며 살았습니다.

먼저 양반은 조선의 지배 계층으로 유교 *경전을 공부할 수 있었습니다. 이들은 과거를 통해 관리가 되면 나라를 다스리는 데 직접 참여하기도 하고, *군역과 세금이 면제되는 등 많은 혜택을 누렸습니다.

중인은 양반과 상민 사이에 있는 계층으로 기술관이나 사무직에 종사하였습니다. 관청에서 일하는 서리와 향리, 병을 치료하는 의관, 외국어를 통역하던 역관, 양반의 첩에게서 태어난 서얼 등이 중인에 해당합니다.

배성의 대부분을 차지하던 상민은 농업, 수공업, 상업 등에 종사하였는데, 농민이 세금을 많이 내고 나라 경제에 큰 도움을 주었지만 대부분 가난한 생활을 하였습니다. 수공업자와 상인도 나라의 통제를 받으며 경제 활동을 하였습니다.

천민은 여정 등도 천민에 속하였습니다. 노비는 나라나 양반의 재산으로 여겨져 사고 팔렸으며 주인을 위해 여러 가지 일을 했습니다.

---

* **특권**: 특별한 권리.
* **경전(經典 經: 글 經, 傳전할 전)**: 유학의 성현이 남긴 글.
* **군역**: 군대에서 복무하는 일.
* **종사하였습니다**: 어떤 일에 마음과 힘을 다하였습니다.

내용 확인하기

01 조선 시대의 신분 제도로 알맞은 것은 무엇입니까? (⑤)

① 양반, 상민
② 양반, 중인
③ 양반, 상민, 천민
④ 귀족, 중인, 평민, 천민
⑤ 양반, 중인, 상민, 천민

도움말: 조선 시대에는 신분을 크게 몇 가지로 구분했는지 확인해 보세요.

어휘 학습하기

02 다음 뜻하는 말을 찾아 쓰시오.

태어날 때부터 정해져 있는 개인의 사회적인 위치.

(신분)

내용 확인하기

03 양반의 생활 모습으로 알맞지 않은 것은 무엇입니까? (④)

① 유교 경전을 공부했다.
② 군역이 면제되는 혜택을 누렸다.
③ 일정 동안 육체적인 노동을 하지 않았다.
④ 군대가 나라를 유지하는 데 큰 도움이 되었다.
⑤ 과거를 통해 관리가 되어 나라를 다스리는 데 직접 참여하였다.

내용 확인하기

04 다음 중에서 중인에 해당하지 않는 사람은 누구입니까? (⑤)

① 향리 ② 의관 ③ 역관 ④ 서얼 ⑤ 광대

글의 구조 확인하기

05 이 글의 내용을 읽기 쉽게 정리하는 틀로 가장 알맞은 것에 ○표를 하시오.

(1)   (2)   (3)

처음	
가운데	
끝	

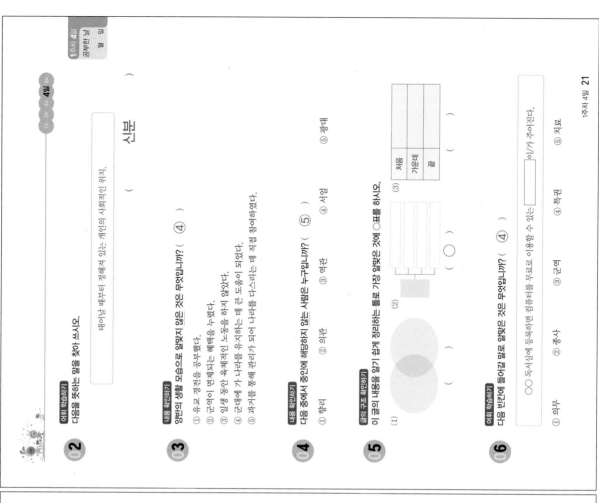

어휘 학습하기

06 다음 빈칸에 들어갈 말로 알맞은 것은 무엇입니까? (④)

○○ 독서실에 등록하면 컴퓨터를 무료로 이용할 수 있는 [　　]이/가 주어진다.

① 의무 ② 종사 ③ 군역 ④ 특권 ⑤ 치료

주인정 05. 이 글은 조선의 신분 제도를 양반, 중인, 상민, 천민으로 나누어 설명하고 있으므로, 이를 한눈에 파악하기 쉽게 정리할 수 있는 틀을 선택할 수 있도록 지도해 주세요.

심화 문제 (실전 문제)

정답과 해설 9쪽

○○ 신문

제△△호   ○○○○년 ○○월 ○○일

최근 이슈가 되고 있는 신조어 중 하나가 '수저 계급론'입니다. 줄여서 '수저론'이라 이전 유럽 귀족 집안에서 유모가 아기에게 젖을 먹일 때 은수저를 사용하던 풍습이 있었습니다. 은수저는 부의 상징이었습니다. 수저론은 '은수저를 물고 태어나다.'란 서양 속담에서 영어 소설 『돈키호테』의 영향으로 해외에서 유래한 것이지만 우리나라의 경제나 사회 현실을 잘 반영한다는 말도 있습니다.

수저론은 부모의 직업이나 경제력 등으로 자녀의 수저를 금수저, 은수저, 동수저, 흙수저로 나누어 말하고 있습니다. 청년 실업, 부의 대물림 등의 사회 문제를 한 '청년의 성공 요인에 관한 인식 조사' 결과 한 국의 대학생들이 뽑은 성공 요인 1순위는 부모의 재력이었습니다. 중국, 일본, 미국의 대학생들이 재능이나 노력을 성공 요인으로 뽑은 것과는 비교가 됩니다.

부모의 경제력이 자녀의 학업에 영향을 미친다는 사실은 여러 연구를 통해 이미 알려져 있습니다. 2012학년도의 국가 장학금 신청자를 분석한 결과 상위권 대학에서 국가 장학금을 신청한 학생의 약 40% 정도가 소득 상위 10%에 속하는 고소득층 자녀였습니다. 즉, 고소득층 자녀들이 상대적으로 상위권 대학에 많이 진학하였음을 알려주는 결과입니다.

○○일보 박민혁 기자

* 대물림: 사물이나 기술 따위를 후대의 자손에게 남겨 주어 자손이 그것을 이어 나감.
* 인식(認 알 인, 識 알 식): 사물을 분별하고 판단하여 앎.
* 재력: 재물의 힘. 또는 재산상의 능력.

내용 확인하기

7 이 글은 무엇에 관한 기사입니까? (②)
① 청년 실업
② 수저 계급론
③ 수저 사용법
④ 고연봉 일자리
⑤ 국가 장학금 신청법

주장이나 주제 파악하기

8 이 기사문에 담긴 기자의 생각으로 알맞은 것에 ○표를 하시오.
(1) 성공을 위해서는 본인의 재능과 노력이 중요하다. ( )
(2) 부모의 직업과 경제력이 개인의 성공에 막대한 영향을 미친다. ( )
(3) 우리나라는 누구든지 노력하면 고소득층이 될 수 있는 평등한 사회이다. ( )

도움말 이 기사를 읽고 무엇이 문제인지 생각해 봐요.

내용 확인하기

9 수저 계급론을 나누는 기준은 무엇입니까? (⑤)
① 개인의 직업
② 살고 있는 지역
③ 개인의 미래 가치
④ 개인의 재능이나 성격
⑤ 부모의 직업이나 경제적 능력

근거의 타당성 판단하기

10 이 기사문의 내용을 바르게 평가한 친구의 이름을 쓰시오.

해준: 근거 자료가 되는 연구의 출처를 밝혔기에 근거가 믿을 만하다고 생각해.
연우: 나도 평소에 금수저, 은수저, 동수저, 흙수저 이야기를 들어보았어. 읽고 있던 내용이므로 기사 내용이 가치가 있다고 생각해.
새봄: 우리나라는 서로 다른 국가들의 다양한 내용으로 알고 있어. 평소 내가 알고 있던 내용과는 전혀 다르기 때문에 옳지 않은 내용이라고 생각해.

(해준)

어휘 학습하기

11 다음 빈칸에 들어갈 알맞은 낱말을 찾아 쓰시오.

아버지는 할아버지께서 운영하시던 식당을 [____]하셨다.

(대물림)

어휘 학습하기

12 뜻이 비슷한 낱말끼리 짝지어진 것은 무엇입니까? (⑤)
① 진학 - 취학
② 성공 - 실패
③ 재능 - 취업
④ 재력 - 실력
⑤ 실업 - 실직

정답 바로 보기

맞힌 개수 [____] / 12개

주안점 09. 수저 계급론(수저론)의 뜻을 설명한 부분을 찾아 읽고 무엇을 기준으로 수저를 나눈 것인지 확인하도록 지도해 주세요.

1주차 5일

달콤하고 씁쓸한 초콜릿

관련 교과: 과학 4-2 '식물의 생활' / 6-2 도덕 '우리가 만드는 공정한 세상'

확인 문제

정답과 해설 10쪽

초콜릿이 만들어지기까지 수많은 과정을 거쳐야 하는 것을 아시나요? 초콜릿의 원료인 카카오 열매가 열리는 카카오나무는 습기가 많고, 직사광선이 없는 그늘진 곳에서 잘 자라기 때문에 재배하기 까다로운 식물입니다.

그럭저럭하게도 하는 카카오 열매는 뱀비공처럼 타원 모양으로 생겼습니다. 일 년에 두 번 수확하며 나무 한 그루에서 약 30개 정도의 열매를 얻을 수 있습니다. 카카오 열매를 만들고 위해서는 카카오 콩을 먼저 발효시켜야 합니다. 초콜릿을 만들 때 사용하는 카카오 콩은 바나나 앞에 싸서 발효시키면 깊은맛이 우러나며, 이 발효시킨 콩을 1~2주 정도 햇빛에 잘 말리면 콩의 무게는 줄어들고 향은 더 좋아지게 됩니다. 그다음 햇빛에 잘 말린 카카오 콩을 100~150도에서 25~50분간 볶아 줍니다. 볶은 카카오 콩으로 껍질을 제거하고 빻아서 가루로 만들고 이 가루에 열을 가하면 녹으면서 걸쭉해지는데 이것을 카카오 매스라고 합니다. 우리가 먹는 초콜릿은 이 카카오 매스에 설탕이나 카카오 버터, 향료 등을 첨가하여 만드는 것입니다.

출제하기

1 이 글은 어떤 사람이 읽으면 가장 도움이 되겠습니까? (④)
① 카카오 나무를 키우는 사람
② 초콜릿의 역사를 알고 싶은 사람
③ 초콜릿의 다양한 종류를 알고 싶은 사람
④ 초콜릿이 만들어지는 과정이 궁금한 사람
⑤ 좋은 초콜릿을 고르는 방법을 알고 싶은 사람

도움말: 이 글에서 주로 설명하고 있는 내용이 무엇인지 생각해 봅니다.

내용 확인하기

2 카카오나무에 대한 설명으로 알맞은 것은 무엇입니까? (⑤)
① 날씨가 추운 곳에서 잘 자란다.
② 비가 오지 않는 곳에서 잘 자란다.
③ 바람이 많이 부는 곳에서 잘 자란다.
④ 햇빛이 많이 드는 곳에서 잘 자란다.
⑤ 햇빛이 많이 들지 않는 그늘진 곳에서 잘 자란다.

내용 요약하기

3 ㉮~㉺를 초콜릿이 만들어지는 순서에 맞게 기호를 쓰시오.

㉮ 카카오 콩 볶기
㉯ 카카오 열매 수확하기
㉰ 카카오 콩 발효시키기
㉱ 곱게 빻고 열을 가해 카카오 매스 만들기

(㉯) → (㉰) → (㉮) → (㉱)

사실과 의견 구별하기

4 이 글을 읽고 난 뒤의 생각이나 느낌으로 알맞은 것에 ○표를 하시오.
(1) 카카오나무는 열대 지방에서 재배되는구나. ( )
(2) 초콜릿을 먹기까지 여러 사람의 노력이 필요하구나. (○)
(3) 카카오 콩은 바나나 앞에 싸서 발효시켜야 하는구나. ( )

어휘 학습하기

5 다음 밑줄 친 낱말이 ㉠과 같은 뜻으로 사용된 문장의 기호를 쓰시오.
( )

㉮ 도둑이 담벼락을 잘 파서 넘었다.
㉯ 땅이 고추를 빻아서 고춧가루를 만들었다.
㉰ 언니와 나의 씨름을 말린 사람은 할아버지이다.

보너스 강의

착한 초콜릿

공정 무역을 통한 착한 초콜릿에 대해 좀 더 자세히 알아볼까요?

카카오 농장에서는 아동 착취가 행해지고, 하루 종일 일을 하지만 가격이 비싸서 누구도 초콜릿을 먹어 보지 못했다고 합니다. 이에 정당한 노동으로 생산된 카카오를 중간 상인 없이 농민 조합과 구매자 사이의 직거래를 통해 공정한 가격을 보상하려는 공정 무역을 시작하게 되었습니다. 공정 무역을 하는 카카오 농장에서는 15세 이하의 아이들은 학교에 다녀야하고 어른들의 농장에서 일할 수 있고, 18세 이하 아이들은 위험한 일을 사용하거나 농약을 뿌려서는 안 된다고 합니다. 이런 방법으로 카카오 콩을 생산하면 착한 초콜릿이 될 수 있습니다.

* 직사광선: 정면으로 곧게 비치는 빛살.
* 과육(果肉) 과, 肉살 육: 열매에서 씨를 둘러싸고 있는 살.

'공정 무역 초콜릿' 바로 보기

주안점 05. ㉠은 '물기를 다 날려서 없애다.'의 뜻입니다. '넓적한 물건을 툭툭 쳐서 그 안에 붙었던 물건을 좀 더 겹쳐 떨어지게 하다.'나 '다른 사람이 하고자 하는 어떤 행동을 못하게 방해하다.'와 구분할 수 있게 지도해 주세요.

4주 완성 독해력 5단계 1주차 5일

시작 문제
지문 읽기

우리가 사 먹는 초콜릿 한 개의 가격에는 카카오 재배 농부, 수출업자, 운송업자, 가공업자, 유통업자의 몫이 모두 포함되어 있습니다. 그런데 생산자인 카카오 콩을 재배하는 사람들의 몫이 아주 적습니다. 그래서 농민들은 항상 가난할 수밖에 없고, 생산량을 늘리기 위해서 어린 아이들까지 카카오 농장에서 노동을 하고 있습니다. 이런 문제를 해결하려고 만들어진 것이 '공정 무역'입니다. 공정 무역이란 서로 평등하고 동등한 가운데 이루어지는 무역을 말합니다. 공정 무역에서는 최저 가격을 보장하여 농민들이 카카오 콩을 생산하는 데 들어간 비용과 노동에 대한 값을 지불하고 있습니다.

우리가 공정 무역을 통해 생산된 초콜릿을 구입하면 농민들에게 더 많은 *수익이 돌아가 그들이 가난에서 벗어나 더 나은 삶을 살 수 있도록 도와줄 수 있습니다. 노동 시간도 줄어들어 그들의 자녀들은 농장에서 노동만 하는 것이 아니라 학교에서 교육받을 수 있는 기회가 늘어날 수 있습니다. 그리고 공정 무역을 통해 얻은 수익의 일부는 학교나 병원, 도로 등 마을을 위한 시설을 만드는 데 사용하기 때문에 지역 공동체의 발전에 도움이 됩니다.

또한 공정 무역 제품을 이용하는 것은 지구의 인간 모두에게 도움이 됩니다. 공정 무역 작물을 재배할 때는 농약이나 화학 비료를 사용하지 않고 친환경적인 방법을 사용합니다. 그렇기 때문에 지구 환경도 보호하고 소비자도 더 질 좋고 더 건강한 음식을 먹을 수 있습니다.

앞으로는 물건을 살 때 가격이나 디자인만 따지는 것이 아니라 내가 구입한 물건이 노동자에게 정당한 대가를 주는지, 아동의 노동력을 착취한 것은 아닌지, 환경을 오염시킨 것은 아닌지 꼼꼼하게 따져 봅시다.

*수익(얻을 收, 더할 益): 이익을 거두어들임.
*착취(짤 搾, 가질 取): 계급 사회에서 생산 수단을 소유한 사람이 생산 수단을 갖지 않은 직접 생산자로부터 그 노동의 성과를 무상으로 취득함.

6 토론하기
글쓴이가 제기하고 있는 문제는 무엇입니까? (④)
① 카카오 콩의 생산량이 너무 부족하다.
② 카카오나무가 멸종 위기에 처해 있다.
③ 카카오 콩 생산자의 수익이 너무 많다.
④ 카카오 콩 생산자의 수익이 너무 적다.
⑤ 카카오나무가 지구 환경을 오염시킨다.

7 주장이나 주제 파악하기
글쓴이가 주장하는 내용이 무엇인지 쓰시오.
(예) 공정 무역을 통해 생산된 제품을 사용하자.)

26 4주 완성 독해력 5단계

---

8 근거의 타당성 판단하기
글쓴이가 제시한 근거로 알맞지 않은 것은 무엇입니까? (④)
① 생산자의 노동 시간을 줄일 수 있다.
② 지구 환경을 살리는 데 도움이 된다.
③ 마을 발전을 위한 시설을 만들 수 있다.
④ 아이들이 일할 수 있는 기회가 늘어난다.
⑤ 소비자는 질 좋고 건강한 음식을 먹게 된다.

9 토론하기
글쓴이의 주장과 같은 생각을 가진 친구의 이름을 쓰시오.
금비: 나는 앞으로 초콜릿을 살 때 가격을 먼저 살 거야.
지웅: 나는 가격 비교를 통해 가장 저렴한 제품을 구입할 거야.
은우: 물건을 살 때 공정 무역 인증 마크가 붙어 있는 상품을 찾아볼 거야.
(은우)

10 매체 읽기
이와 같은 글을 읽는 방법으로 가장 알맞은 것은 무엇입니까? (④)
① 처음부터 끝까지 훑어 읽는다.
② 필요한 부분만 찾아서 읽는다.
③ 필요한 정보를 메모하며 읽는다.
④ 글쓴이의 의도를 파악하며 읽는다.
⑤ 글의 내용을 있는 그대로 받아들이며 읽는다.

도움말 주장하는 글을 읽을 때에는 글쓴이의 주장이 무엇인지 파악하고, 주장을 뒷받침하기 위해 제시한 근거가 적절한지 살펴보아야 합니다.

11 어휘 학습하기
다음과 같은 뜻을 가진 낱말은 무엇입니까? (④)

이익을 거두어들임.

① 생산 ② 소비 ③ 수입 ④ 수익 ⑤ 수출

정답 바로 보기

맞힌 개수 　 / 11개

1주차 5일 27

정답과 해설 11쪽

주의점 07. 글에서 글쓴이의 주장을 파악할 때에는 각 문단의 중심 내용을 확인하고, 글쓴이가 여러 번 강조해 사용한 낱말이 무엇인지 찾아보면 도움이 되는 것을 지도해 주세요.

쉬어 가기

다음 자음자와 모음자를 모아서 제시된 뜻을 가진 낱말을 만들어 보세요.

정답과 해설 12쪽

ㅁ ㅂ ㅕ ㅣ ㄹ

특별히 좋은 맛, 또는 그 맛을 지닌 음식.

별미

ㅇ ㅠ ㅅ ㄱ ㄴ

열매에서 씨를 둘러싸고 있는 살.

과육

ㅡ ㅅ ㅇ ㅣ ㄴ ㅈ ㅜ

기체 상태로 되어 있는 물.

수증기

ㅊ ㄷ ㅇ ㅇ ㅜ

순간적으로 어떤 행동을 하고 싶은 욕구를 느끼게 하는 마음속의 자극.

충동

12

4주 완성 독해력 5단계

2주차 정답

2주차 1일

관련 교과 5-1 국어 『경험을 떠올리며 작품을 읽을 때 좋은 점 알기』 / 6-1 사회 『근대 국가 수립을 위한 노력과 민족 운동』

3 · 1 운동과 유관순

확인 문제

1902년 충청남도 천안에서 태어난 유관순은 어릴 때부터 독립운동가인 아버지께 신학문과 나라 사랑의 마음을 배웠습니다. 유관순은 열세 살 되던 해에 미국인 선교사의 도움으로 서울에 있는 이화 학당에 입학하였습니다. 유관순은 담임이 하기 싫어하는 일을 솔선수범하여 도맡기도 하고, ⊙말없이 어려운 일을 도맡았습니다. 또한 방학 때에는 고향에 내려와서 동네 어린이와 부녀자들에게 글을 가르치며 일본에 빼앗긴 나라를 되찾기 위해 준비를 하기도 마음먹었습니다.

일본의 감시가 심해 있던 고종 황제가 갑작스럽게 세상을 떠나자, 우리나라 사람들은 고종 황제가 일제에 의해 살해된 것으로 여겼습니다. 이를 계기로 우리 민족의 독립에 대한 열망은 더욱 강해졌습니다. 그래서 33명의 민족 대표들은 1919년 3월 1일 파고다 공원(현 탑골 공원)에서 독립을 선언하고, 전국적으로 만세 운동을 펼치기로 하였습니다. 이 소식을 들은 유관순과 친구들은 시위 검사대를 조직하고, 도움을 모아 사람들에게 나누어 줄 태극기를 만들었습니다. 드디어 3월 1일이 되었고 유관순과 친구들은 만세 운동에 참여하여 『대한 독립 만세!』라는 구호를 외쳤습니다. 일본은 만세 운동을 하는 사람들을 잡아 가두고, 무력으로 만세 운동을 막으려고 애썼지만 만세 운동은 시간이 갈수록 더욱 거세지고 방방곡곡으로 퍼져 나갔습니다.

★ 솔선수범(率先垂範): 솔, 先
저 선, 重범할 수, 範본보기
범하여: 남보다 앞장서서 행
동해서 남다른 다른 사람의 본
보기가 되어.
★ 방방곡곡: 한 군데도 빠짐이
없는 모든 곳.

주인내 주제 파악하기

1 이 글의 중심 내용으로 알맞은 것은 무엇입니까? (②)

① 고종 황제와 유관순
② 유관순과 만세 운동
③ 유관순과 이화 학당
④ 일본의 만세 운동 탄압
⑤ 민족 대표들의 독립 선언

정답과 해설 14쪽

내용 요약하기

2 유관순이 한 일을 시간 순서대로 기호를 쓰시오.

㉮ 만세 운동에 참여했다.
㉯ 이화 학당에 입학했다.
㉰ 시위 검사대를 조직했다.
㉱ 고향 사람들에게 글을 가르쳤다.

(㉰) → (㉱) → (㉯) → (㉮)

추론하기

3 ⊙으로 알 수 있는 유관순의 성격으로 알맞은 것은 무엇입니까? (③)

① 경솔하다.
② 솔직하다.
③ 정이 많다.
④ 자신만만하다.
⑤ 이기적이다.

내용 확인하기

4 만세 운동에 대한 설명으로 알맞지 않은 것을 골라 ○표를 하시오.

(1) 1919년 3월 1일에 시작되었다. ( )
(2) 만세 운동은 점점 커져지고, 전국으로 퍼져나갔다. ( )
(3) 유관순은 파고다 공원에서 우리나라의 독립을 선언하였다. (○)

도움말 만세 운동은 대한 독립 만세라는 구호를 외치는 항일 독립운동입니다.

추론하기

5 이 글을 읽고 유관순이 살았던 시대의 생활을 바르게 말한 친구의 이름을 쓰시오.

영광: 만세 운동에는 33인의 민족 대표와 남자들만 참여할 수 있었어.
송이: 일본에게 나라를 빼앗긴 후 우리 민족은 힘든 시기를 보내고 있었어.
지연: 일본의 경제적 지원을 받아 학교나 공원 등이 생겨나고 있었어.

(송이)

주인점 05. 이야기를 읽으면서 인물이 살았던 시대의 생활을 추측해 보면 인물의 삶과 이야기 내용을 이해하는 데 도움이 되는 것을 지도해 주세요.

실전 문제

정답과 해설 15쪽

3·1 운동 이후 학교가 휴교되자 유관순은 고향으로 내려갔습니다. 유관순은 고향에서도 여러 마음을 돌아다니며 사람들을 설득하고 만세 운동을 준비했습니다. 드디어 4월 1일, 수많은 사람들이 만세 운동에 참여하기 위해 천안에 있는 아우내 장터에 모였습니다. 유관순은 앞장서서 '대한 독립 만세'를 외치며 만세 운동을 이끌었습니다.

일본 경찰과 헌병대는 만세 운동을 하는 사람들에게 총을 쏘고, 칼을 휘둘렀고 이에 만세 운동에 참여한 많은 사람들이 다치거나 죽게 되었습니다. 이날 유관순의 부모님도 일본 헌병대의 총에 맞아 돌아가시고, 유관순도 붙잡혀 감옥에 가게 되었습니다.

공주 감옥에서 고문을 많이 당했지만 유관순은 자신이 시위의 주동자이자 다른 사람을 풀어주라며 자신의 뜻을 굽히지 않았습니다. 법정에서는

"대한 사람이 빼앗긴 나라를 되찾겠다고 만세를 부른 것이 무슨 잘못이냐?"며 당당하게 외쳤습니다. 서대문 형무소로 옮겨진 후에 다시 열린 재판에서도 유관순은 "독립 만세 운동을 한 것은 죄가 아니다."라고 말하며 만세를 불렀는데 법정을 소란하게 했다는 죄가 추가되기도 하였습니다.

유관순이 감옥에서도 계속 '대한 독립 만세'를 부르자 다른 방에 있던 사람들도 이 소리를 듣고 함께 만세를 불렀고, 그때마다 유관순은 끌려가서 고문을 받았습니다. 1920년 3월 1일, 3·1 운동 1주년을 기념하여 감옥에서 동료들과 만세를 계속 부른 사건으로 또 모진 고문을 당했습니다. 결국 고문에 유관순의 몸은 점점 약해졌고, 결국 1920년 9월 28일 유관순은 우리나라의 독립을 보지 못한 채 열여덟의 나이로 감옥에서 ⑦눈을 감았습니다.

* 고문: 숨기고 있는 사실을 강제로 알아내기 위하여 육체적·정신적 고통을 주며 신문함.
* 주동자(主動者 주인 주, 動 움직일 동, 者 사람 자): 어떤 일에 주장이 되어 행동하는 사람.
* 모진: 괴로움이나 아픔 따위의 정도가 지나치게 심한.

6 [매체 읽기] 이와 같은 글의 특징은 무엇입니까? (④)
① 상상한 내용을 바탕으로 쓴 글이다.
② 글쓴이가 겪었던 일을 간단하게 쓴 글이다.
③ 자신의 마음을 다른 사람에게 전하는 글이다.
④ 인물의 업적이나 가치관을 알 수 있는 글이다.
⑤ 제품의 장점이나 사용 방법을 설명하는 글이다.

7 [내용 확인하기] 유관순이 한 일로 알맞지 않은 것은 무엇입니까? (⑤)
① 고향에서 만세 운동을 준비했다.
② 3·1 운동 이후에 고향에 내려갔다.
③ 아우내 장터에서 독립 운동을 하였다.
④ 감옥에서도 계속 만세 운동을 하였다.
⑤ 만세 운동에 참여하여 총과 칼을 휘둘렀다.

1일 2일 3일 4일 5일

8 [추론하기] 감옥에서도 굽히지 않았던 유관순의 뜻은 무엇일지 생각해 쓰시오.
(예) 우리나라가 독립을 해야 한다. / 빼앗긴 나라를 되찾기 위해 한 만세 운동은 정당한 것이다.

9 [사실과 의견 구별하기] 이 글을 읽고 자신의 생각이나 느낌을 말한 친구의 이름을 쓰시오.
선호: 유관순 열사는 열여덟의 나이로 감옥에서 돌아가셨어.
지민: 유관순 열사는 서대문 형무소에서도 모진 고문을 당하셨어.
유진: 목숨이 위태로운 상황에서도 자신의 신념을 굽히지 않는 모습이 대단해.
(유진)

10 [어휘 학습하기] 다음과 같은 뜻을 가진 낱말이 무엇인지 찾아 쓰시오.
숨기고 있는 사실을 강제로 알아내기 위하여 육체적·정신적 고통을 주며 신문함.
(고문)

11 [어휘 학습하기] ⑦의 뜻으로 알맞은 것을 골라 ○표를 하시오.
(1) 목숨이 많아지다. ( )
(2) 잘 알지 못했던 이치를 깨닫다. ( )
(3) 남의 잘못을 알고도 모르는 체하다. ( )

정답 바로 보기

맞힌 개수 / 11개

주안점 08. 인물이 살았던 시대 생활, 인물이 한 일과 말과 행동을 잘 살펴보면 인물이 추구했던 삶을 이해할 수 있다는 점을 이해할 수 있는 것을 지도해 주세요.

2주차 2일

확인 문제

펄펄 끓는 화산

관련 교과 5-1 국어 '설명하는 글 읽고 요약하기 / 4-2 과학 화산과 지진

우리가 살고 있는 지구의 지각 속 깊은 곳에는 암석이 엄청난 땅속의 열에 의해 녹은 반액체 상태의 물질인 마그마가 있습니다. 마그마의 온도는 보통 1,300~1,650℃로 암석보다 물질이 있으며, 수증기나 이산화 탄소, 황산, 염소 등 휘발 성분이 들어 있어 암석보다 가볍습니다. 그래서 주변 암석을 녹이며 지표면을 향해 서서히 올라옵니다. 지하에 고여 있는 마그마는 위에 있는 단단한 암석 때문에 높은 압력을 받고 있어서 지표면을 뚫고 올라오기가 쉽지 않습니다. 그런데 마그마가 서서히 서서히 올라오다 지표면의 약한 부분을 뚫고 분출하는 것이 바로 화산 폭발입니다.

이때 지표면을 뚫고 나와 흐르는 마그마는 용암이 됩니다. 1,100℃가 넘는 용암이 밖으로 흘러나와 한 공기를 만나면 암석이 되기도 하고 커다란 산도 만듭니다. 이렇게 생긴 산이 바로 화산입니다. 끈적끈적한 용암은 멀리 흘러가지 못하고 뾰족하고 높은 화산이 되고, 묽은 용암은 멀리까지 퍼져나가지 파져나가지 못하고 평평하고 묽은 화산이 됩니다. 화산 꼭대기에는 움푹 패 분화구가 생기기도 하는데, 이 분화구는 물이 고여 백두산의 천지나 한라산의 백록담과 같은 호수가 되는 경우가 됩니다.

★ **지각**: 지구의 바깥쪽을 차지하는 부분.
★ **압력**: 수직으로 누르는 힘.
★ **분출(噴出)**: 분. 뿜을 **출하**
  는: 액체나 기체 상태의 물질
  이 솟구쳐서 뿜어져 나오는.
★ **분화구**: 화산에서 용암과 화
  산가스 따위의 분출구.

주장이나 주제 파악하기

1 이 글은 무엇에 대해 설명하고 있는지 빈칸에 알맞은 말을 쓰시오.

(화산)이/가 생기는 과정

어휘 학습하기

2 다음 설명에 해당하는 낱말을 찾아 쓰시오.

(1) 지표면을 뚫고 밖으로 나와 녹아 흐른 마그마: (용암)

(2) 용암이 찬 공기를 만나 식어서 이룬 커다란 산: (화산)

(3) 암석이 땅속의 열에 의해 녹은 반액체 상태의 물질: (마그마)

정답과 해설 16쪽

34 4주 완성 독해력 5단계

내용 확인하기

3 다음 그림 속 화산은 어떻게 만들어진 것인지 알맞은 설명을 골라 선으로 이으시오.

(1) · · ① 묽은 용암은 멀리까지 퍼져 나감.

(2) · · ② 끈적끈적한 용암은 멀리 흘러가지 못함.

내용 요약하기

4 화산이 생기는 과정에 맞게 차례대로 기호를 쓰시오.

㉮ 마그마가 지표면을 향해 서서히 올라온다.
㉯ 마그마가 지표면의 약한 부분을 뚫고 분출한다.
㉰ 용암이 밖으로 흘러나와 찬 공기를 만나 식어서 커다란 산을 만든다.

(㉮) → (㉯) → (㉰)

매체 읽기

5 이 글을 읽는 방법으로 알맞은 것에 ○표를 하시오.

(1) 새로 알게 된 사실을 정리하며 읽는다. ( )

(2) 근거가 주장을 뒷받침하는지 따져보며 읽는다. ( )

(3) 글쓴이의 주장이 가치가 있는지 판단하며 읽는다. ( )

도움말 이 글의 종류가 무엇인지 생각해 본 후 어떤 방법으로 읽는 것이 좋을지 적용해 봅니다.

보너스 강의

화산 폭발의 징조

무섭게 폭발하는 화산은 인간에게 많은 피해를 끼칩니다. 그렇지만 화산이 언제 폭발할지 알 수 있다면 피해를 줄일 수 있겠죠. 화산 폭발의 징조에는 어떤 것이 있는지 안면 알아볼까요?

■ 산꼭대기에서 연기가 납니다.
■ 샘물(온천)이 부풀어 솟아오릅니다.
■ 화산재가 날아옵니다.
■ 땅이 흔들립니다.
■ 산에서 그르렁 그르렁 소리가 납니다.

'화산에서 살아남기' 원문 보기

주인정 03. 뾰족하고 높은 화산과 언덕하고 평평한 화산이 어떻게 생기는지 설명한 부분을 찾아 확인하도록 지도해 주세요.

16

실전 문제

정답과 해설 17쪽

(가) 화산이 분출할 때에는 어떤 물질들이 나올까요? 화산이 분출할 때에는 기체, 액체, 고체 물질이 모두 나옵니다. 먼저 화산이 분출할 때 나오는 기체인 화산 가스는 대부분 수증기로 이루어져 있는데, 이산화 탄소, 질소, 이황산 가스, 수소, 황, 염소 등의 기체도 포함되어 있습니다. 땅속에 있던 마그마가 지표면 밖으로 흘러나온 용암은 액체입니다. 또 화산이 분출할 때 나오는 고체를 화산 쇄설물이라고 합니다. 화산 쇄설물은 암석 조각들로, 크기가 아주 작은 화산진이나 화산재부터 크기가 비교적 큰 화산탄까지 다양합니다.

(나) 화산 활동은 우리에게 많은 피해를 줍니다. 화산 폭발로 인해 육지에서는 산사태가 발생하고 바다에서는 지진해일이 일어나 큰 피해를 주기도 합니다. 화산 가스와 화산재는 멀리까지 퍼져 나가 대기를 오염을 일으켜 호흡기에 안 좋은 영향을 주고, 기상 이변을 일으켜 비행기의 운행에 지장을 주기도 합니다.

(다) 그러나 화산 활동이 우리에게 피해를 주는 것만은 아닙니다. 화산 활동은 ⑦ 점도 많습니다. 먼저 화산 활동으로 만들어진 특이한 지형은 관광 상품으로 활용됩니다. 화산 폭발로 도시 전체가 사라진 폼페이를 비롯해서 배두산이나 한라산 등도 많은 관광객들이 즐겨 찾는 곳입니다. 그리고 화산 활동으로 일어났던 땅속의 높은 열을 이용해 분출된 화산재는 오랜 시간이 지나면 많은 양분을 가지게 되어 농작물이 잘 자랍니다.

* 쇄설물: 자잘구레한 부스러기로 이루어진 물질.
* 지진해일: 지진 때문에 해저에 지각 변동이 일어나는 현상.
* 이변(異變)(異 다를 이, 變 변할 변): 예상하지 못한 사태나 괴이한 변고.

6 내용 확인하기
화산이 분출할 때 나오는 물질을 물질의 상태에 따라 알맞게 선으로 이으시오.

(1) 용암 · · ① 고체
(2) 화산 가스 · · ② 액체
(3) 화산 쇄설물 · · ③ 기체

7 어휘 학습하기
⑦에 들어갈 말로 알맞은 것은 무엇입니까? (②)
① 해로운 ② 이로운 ③ 즐거운 ④ 다양한 ⑤ 피곤한

8 내용 확인하기
화산 활동이 우리에게 주는 피해로 알맞지 않은 것은 무엇입니까? (③)
① 화재가 발생한다.
② 기상 이변을 일으킨다.
③ 시간이 지날수록 땅을 황폐하게 만든다.
④ 지진과 산사태가 발생한다.
⑤ 용암이 지나간 자리는 모두 것이 녹는다.

9 중심이나 주제 파악하기
글 (가)~(다)의 중심 내용을 알맞게 선으로 이으시오.

(1) (가) · · ① 화산 활동의 피해
(2) (나) · · ② 화산 활동의 이로운 점
(3) (다) · · ③ 화산이 분출할 때 나오는 물질

10 추론하기
이 글 뒤에 화산이 갑자기 폭발했을 때 고려됐을 말을 알맞게 말한 친구를 모두 찾아 이름을 쓰시오.

유찬: 화산재 때문에 많이 비슷해져서 옷에 동사가 잘 될 거야.
지율: 뜨거운 용암 때문에 화재가 날 수 있어. 빨리 대피해야 해.
민형: 지금은 산사태 등으로 위험하지만, 옥답이 많주에 많은 관광객들이 몰려들을 거야.

( )

11 어휘 학습하기
낱말의 관계를 생각하며 빈칸에 들어갈 알맞은 말을 쓰시오.

재해 · · 민형

화산 쇄설물
화산진 화산재 화산탄

도움말 화산과 화산재를 포함하는 낱말은 무엇인지 생각해 봅니다. 그리고 생각한 낱말에 포함되는 다른 낱말도 찾아 써 봅니다.

정답 바로 보기

맞힌 개수 / 11개

주인정 10. 화산 폭발은 피해와 이로운 점이 모두 있음을 지도해 주세요.

17

2^{주차} 3^일

키 크기에 좋은 운동, 농구!

관련 교과 5-1 국어 '글쓴이를 생각하며 글 요약하기' / 4학년 체육 '경쟁 활동-간이농구 게임하기'

확인 문제

많은 사람들에게 사랑받는 스포츠 중의 하나인 농구는 1891년 미국의 제임스 네이스미스가 *창안하였습니다. 체육 교사였던 그는 학생들이 날씨에 상관없이 실내에서 운동하는 방법을 고민하다가 농구를 생각해 냈습니다. 많은 사람들이 즐기는 농구에 대해 알아봅시다.

농구는 5명이 한 팀이 되어 3.05m 높이에 있는 바스켓에 공을 넣어 얻는 점수로 승부를 ⊙*겨루는 경기입니다. 코트에 그려져 있는 3점 라인 밖에서 공을 넣었을 때는 3점, 3점 라인을 밟거나 라인 안쪽에서 공을 넣으면 2점, 상대팀이 반칙을 했을 때 자유투를 하여 공이 들어가면 1점이 인정됩니다.

경기 규칙은 나라와 리그에 따라 다른데, 우리나라의 농구 경기 시간은 총 40분으로 1회터에 10분씩 4회터로 진행됩니다. 무승부로 경기가 끝났을 때에는 승부가 결정될 때까지 5분씩 연장 경기를 합니다.

선수들은 팀에서 각자의 포지션에 따라 역할이 주어집니다. 포인트 가드는 팀의 작전을 지휘하기 때문에 주로 작전을 잘 이해하고 리더십이 있는 선수가 맡습니다. 슈팅 가드는 포인트 가드를 도와주며 다양한 위치에서 숫자의 득점을 합니다. 다체다능한 요구되는 센터는 스몰 포워드는 공격과 수비를 모두 책임집니다. 센터는 공터 밑을 수비하며 공밑으로 공을 넣고, 파워 포워드는 센터와 함께 공밑에서 득점과 수비를 합니다.

★*창안(創案하다: 창. 햇생각 안)
하였습니다: 어떤 방안, 물건 따위를 처음으로 생각해 냈습니다.
★*겨루는: 서로 버티어 승부를 다투는.
★*코트: 테니스, 농구, 배구 따위의 경기를 하는 곳.
★*쿼터: 농구 따위의 운동 경기에서, 한 경기 시간을 넷으로 나눈 그 한 부분을 세는 단위.

정답과 해설 18쪽

내용 확인하기

1 농구는 누가 언제 만들었는지 찾아 쓰시오.

(1) 누가: (제임스 네이스미스) (2) 언제: (1891년)

어휘 학습하기

2 ⊙과 바꾸어 쓸 수 있는 낱말을 두 가지 고르시오. (② · ④)

① 만드는 ② 다투는 ③ 멈추는 ④ 가리는 ⑤ 보이는

38 4주 완성 독해력 5단계

1일 2일 **3일** 4일 5일

내용 확인하기

3 농구 경기에 참여하는 한 팀의 인원수와 경기 시간으로 알맞은 것은 무엇입니까? (⑤)

① 3명, 10분 ② 3명, 40분 ③ 5명, 10분 ④ 5명, 20분 ⑤ 5명, 40분

도움말: 2문단에서 경기에 참여하는 인원과 경기 시간을 알 수 있습니다.

추론하기

4 다음 그림의 생활에서 바스켓에 공을 넣었을 때 인정되는 점수를 쓰시오.

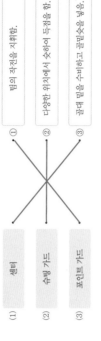

(1) (2)점 (2) (1)점 (3) (3)점

내용 확인하기

5 선수의 포지션과 그 역할을 알맞게 선으로 이으시오.

(1) 센터 · · ① 팀의 작전을 지휘함.

(2) 슈팅 가드 · · ② 다양한 위치에서 숫자의 득점을 함.

(3) 포인트 가드 · · ③ 골대 밑을 수비하고 리바운드를 넣음.

추론하기

6 이 글을 읽고 농구에 대해 잘못 이해한 친구의 이름을 쓰시오.

소이: 센터는 키가 크고 체격이 좋은 선수가 맡는 게 좋을 것 같아.
진영: 5분의 연장전을 했는데도 승부가 나지 않는 경우에는 무승부로 경기를 끝내야 해.
효은: 농구는 날씨와 상관 없이 실내에서 운동할 수 있어서 많은 사람들이 즐길 수 있는 거야.

(진영)

2주차 3일 39

주안점 06. 글에서 파악할 수 있는 농구에 대한 정보를 바탕으로 추론한 내용이 바르지 않은 것을 찾을 수 있도록 지도해 주세요.

실전 문제

정답과 해설 19쪽

농구를 잘하기 위해서는 어떤 능력이 필요할까요? 농구에서 가장 기본이 되는 기술은 ㉠손으로 공을 바닥에 빠르게 쳐서 ㉡튀기는 드리블입니다. 드리블을 하지 않고 세 걸음 이상 이동하면 반칙이므로 반드시 공을 가지고 자유자재로 드리블을 할 수 있어야 합니다. 또한 멀리 있는 선수에게 공을 던져 주거나 다른 선수가 던진 공을 놓치지 않고 받기 위해서는 ㉢공을 정확하게 주거나 받는 ㉣패스도 연습해야 합니다.

무엇보다 농구의 승부에서 가장 중요한 것은 득점입니다. 슛을 쏠 수 있는 기회가 왔을 때 득점을 할 수 있는 능력이 중요합니다. 상대팀의 득점을 막기 위해서 ㉤상대 선수의 공을 가로채는 기술을 익히거나 상대 선수의 진로를 방해하는 동작도 연습해야 합니다.

이렇게 많은 능력을 필요로 하는 농구를 하다 보면 체력이 좋아지고 근육이 균형 있게 발달하기 때문에 청소년기의 성장에 많은 도움이 됩니다. 농구는 쉴 새 없이 빠르게 움직여야 하므로 순발력과 민첩성을 기를 수 있습니다. 신체적인 측면 뿐 아니라 정신적인 성장에도 도움을 줍니다. 상대팀의 움직임을 예측하고 공격과 수비를 하는 과정에서 판단력을 기를 수 있기 때문입니다. 그리고 농구는 혼자 하는 운동이 아니라 팀 선수들과 순발을 맞춰 한 계 뛰어야 하므로 함께 소통하는 과정에서 협동심을 기를 수 있습니다.

쉽게 즐길 수 있는 농구!
실제 밖으로 나가서 친구들과 함께 도전해 봅시다. 땀 흘리며 뛰다보면 어느새 몸과 마음이 한 뼘씩 성장해 있을 것입니다.

* 자유자재: 거침없이 자기 마음대로 할 수 있음.
* 순발력: 근육이 순간적으로 빨리 수축하면서 나는 힘.
* 민첩성: 재빠르고 날랜 성질.

7 내용 확인하기

농구에서 드리블이 중요하다고 한 이유를 쓰시오.

(예) 드리블을 하지 않고 세 걸음 이상 이동하면 반칙인데 반칙을 하지 않고 공을 가지고 자유자재로 움직여야 하기 때문에

8 내용 확인하기

다음 그림은 ㉠~㉣ 중에서 어떤 동작에 해당하는지 알맞은 기호를 쓰시오.

(1) (㉢)

(2) (㉠)

---

9 내용 확인하기

농구를 통해 기를 수 있는 특성이 아닌 것은 무엇입니까? (②)

① 판단력 ② 독립심 ③ 민첩성 ④ 협동심 ⑤ 순발력

10 내용 요약하기

'키 크기에 좋은 운동, 농구'를 요약할 때 가장 어울리는 틀을 골라 ○표를 하시오.

(1) (2) (3)

11 내용 요약하기

도움말 이 글은 농구에 대해 여러 가지 부분으로 나누어 설명하고 있습니다.

10번에서 고른 틀을 바탕으로 이 글 전체에서 설명하고 있는 내용을 간단하게 정리해 쓰시오.

(예)

농구

| 농구의 득점 방법 | 농구 경기 시간 | 선수의 포지션과 역할 | 농구를 잘 하기 위해 필요한 능력 | 농구를 하면 좋은 점 |

12 어휘 학습하기

ⓜ을 넣어 보기 와 같이 짧은 문장을 만들어 쓰시오.

보기
아무도 예측하지 못한 일이 일어났다.

(예) 경기 결과를 예측할 수가 없었다.

정답과 풀이 보기

맞힌 개수 / 12개

주인점 11. 문제 10번에서 고른 틀을 그리고, 각 문단에서 중요한 내용을 간추려서 정리할 수 있도록 지도해 주세요.

2주차

4일

건강을 지키는 발효 식품

관련 교과 6-2 과학 '생물과 우리 생활' / 6-2 실과 '건강한 식생활의 실천'

확인 문제

발효는 *효모나 세균 같은 미생물이 유기물을 분해하거나 변화시키는 작용으로, 생활에 □□□□ 물질을 만들어 내는 현상입니다. 발효 식품으로는 김치와 된장은 우리나라의 전통 발효 식품 등이 있습니다. 발효의
김치, 된장, 치즈, 요구르트, 빵, 포도주 등이 있습니다. 발효의
김치와 관련해 있습니다. 김치의 주재료인 배추를 절일 때 소금은 미생물
의 생육을 억제해 주고, 고춧가루는 유산균의 생육을 촉진시켜 발효에 도움
을 줍니다. 제다가 젓갈에 들어 있는 단백질이 분해되면서 생기는 성분이 숙
성을 촉진시켜 맛있는 김치가 만들어집니다. 그리고 콩을 발효시켜 만드는 된장은
매주를 만들 때 사용하는 짚에 들어 있는 고초균에 의해 1차 발효가 이루어지고, 메주를
소금물에 담글 때 고초균과 유산균에 의해 2차 발효가 이루어집니다. 이 과
정을 통해 된장이 더 깊고 구수한 맛을 냅니다.
치즈와 요구르트는 서양의 대표 발효 식품으로, 우유를 발효시켜 만듭니
다. 치즈는 우유 속에 있는 카세인을 뽑아 응고 및 발효시켜 만들고, 요구르
트는 우유에 유산균을 넣어 발효시켜 만듭니다. 한편 빵이나 포도주를 주원료
로 하여 소금, 설탕, 버터, 효모 등을 넣어 반죽을 발효시켜 만듭니다.
전 음식이며, 포도주도 포도즙을 발효시켜 만든 술입니다.

*효모(酵母)식물 호, 母어머니
모: 발효용, 읽으키는 효모균
이 있음
*생육: 생물이 나서 길러짐

내용 확인하기

1 발효 식품을 두 가지 고르시오. (①) . (⑤)

① 김치 ② 배추 ③ 포도 ④ 우유 ⑤ 치즈

내용 확인하기

2 김치와 요구르트에 공통으로 들어 있는 균의 이름은 무엇인지 쓰시오.

(유산균)

정답과 해설 20쪽

공부한 날 월 일

내용 요약하기

3 발효 과정에 대한 설명으로 알맞은 것을 골라 ○표를 하시오.

(1) 음식 재료에 들어 있는 미생물이 음식을 부패시키는 과정이다. ( )
(2) 음식 재료에 들어 있는 미생물이 세균을 만들어 내는 과정이다. ( )
(3) 음식 재료에 들어 있는 미생물이 유기물을 변화시키는 과정이다. (○)

도움말 부패와 발효 모두 음식 재료에 들어 있는 미생물의 유기물을 분해하는 과정에서 나타나는 것이지만, 발효는 건강에 좋은 물질을 만들어 내는 한편 부패는 불쾌한 냄새나 맛을 갖는 물질을 만들어 냅니다.

추론하기

4 발효 식품을 다음과 같이 분류한 기준을 생각해 쓰시오.

김치, 된장, 치즈, 요구르트, 빵, 포도주

김치, 된장 ———— 치즈, 요구르트, 빵, 포도주

• 분류 기준 : (예 우리나라와 다른 나라의 발효 식품)

어휘 학습하기

5 ⊙에 들어갈 낱말로 알맞지 않은 것은 무엇입니까? (③)

① 유용한 ② 유익한 ③ 해로운 ④ 이로운 ⑤ 쓸모 있는

보너스 강의

감자와 피클, 단장과 낫토, 막걸리와 와인의 공통점은 무엇일까요? 모두 발효 식품입니다. 발효 식품에 대해서 좀 더 자세히 알아볼까요?

발효 식품의 발효

발효 식품이 발달한 나라들은 대부분 계절의 구분이 뚜렷합니다. 이는 특정한 식재료를 구할 수 있는 시기가 정해져 있는 것입니다. 그래서 수확을 안 하는 시기에도 음식을 섭취하기 위해서 음식을 오래 보관할 수 있는 발효 식품이 발달한 것입니다. 발효 식품을 오래 두고 먹으려면 공기와의 접촉을 피하는 것이 중요합니다. 발효 과정에서 공기와 접촉을 많이 하게 되면, 발효 과정이 지나서 부패되기 때문입니다. 담근 김치를 보관 통에 꾹꾹 눌러 담고, 요구르트나 피클을 만들고 난 후 통을 밀폐하는 것도 모두 공기와의 접촉을 최소화하기 위해서랍니다.

'우리나라와 외국의 발효 식품 구분하기' 바로 보기

주인점 05. 문장의 앞뒤 내용을 살펴보고 쓸 수 있는 낱말이 무엇인지 생각해 볼 수 있도록 지도해 주세요.

시간 문제

발효 식품은 맛이 좋을 뿐만 아니라 건강에도 많은 도움을 줍니다.

김치에 많이 들어 있는 유산균은 우리 몸에 균은 균이 변식을 막아 면역력을 높여 줍니다. 그리고 충분한 식이 섬유는 장운동을 활발하게 해 주고, 소화 흡수를 증진시켜 변비와 대장암 예방에 도움을 줍니다. 또한 고춧가루에 들어 있는 캡사이신은 신진대사를 활발하게 해 주어 체지방을 감소시키는 데에 도움을 줍니다.

된장의 경우 발효가 오래되면 될수록 콩의 이소플라본이라는 항균 성분이 증가합니다. 이소플라본은 항균·항염 작용을 하여 암을 예방하고, 몸에 해로운 수치를 낮춰 주어 고혈압을 예방하기도 합니다. 그리고 된장에 들어 있는 필수 지방산이 피부병이나 혈관 질환을 예방하고 간과 너를 건...

강하게 유지시켜 주는 데 도움을 줍니다.

오래 사는 사람들이 많다고 알려진 나라인 불가리아 사람들에게 장수의 비결을 물어보면 요구르트를 즐겨먹는 것이라고 말합니다. 요구르트에 많이 들어 있는 유산균으로 장 속에 살면서 유해한 세균을 물리치는 성질이 있어 음식물의 소화를 도와주고 변비를 예방하여 다른 질병에 잘 걸리지 않게 합니다. 그리고 요구르트를 통해 칼슘이 흡수되는 데 도움을 줍니다.

또 적당량의 양의 포도주를 마시는 것은 건강을 들어 주고 심혈관 질환을 예방하는 효과가 있습니다. 포도주에 포함되어 있는 항산화 작용을 하는 폴리페놀이라는 성분은 노화를 방지하는 효과도 있다고 합니다.

★ 신진대사: 생명의 유지를 위해 영양분을 섭취하고 필요 없는 물질은 걸러서 배출해 내는 과정.
★ 비결(祕訣)슴길 비, 訣비결 결: 세상에 알려져 있지 않은 자기만의 뛰어난 방법.

6 주제나 주제 파악하기
이 글은 무엇에 대해 설명하고 있습니까? (③)
① 발효 식품의 맛
② 발효 식품의 유래
③ 발효 식품과 건강
④ 발효 식품 만드는 법
⑤ 발효 식품에 숨겨진 과학

7 내용 확인하기
발효 식품과 그 속에 들어 있는 성분을 알맞게 선으로 이으시오.

(1) 된장		① 폴리페놀
(2) 김치		② 캡사이신
(3) 포도주		③ 이소플라본

정답과 해설 21쪽

8 내용 확인하기
김치의 효능으로 볼 수 없는 것은 무엇입니까? (②)
① 면역력을 높여준다.
② 심혈관 질환을 예방한다.
③ 변비와 대장암을 예방한다.
④ 장운동을 활발하게 해 준다.
⑤ 신진대사를 잘 되게 해 준다.

도움말 '심혈관 질환'은 심장과 주요 동맥에 발생하는 질환을 말하며, 심혈관 질환을 예방하는 식품을 찾아봅니다.

9 사실과 의견 구별하기
다음은 글을 읽고 만든 질문 중에서 무엇에 해당하는지 보기 에서 골라 기호를 쓰시오.

보기
㉮ 글 내용을 확인하는 질문
㉯ 자신의 생각을 묻는 질문

(1) 좋아하는 발효 식품이 있나요? (나)
(2) 유산균이 우리 몸에서 하는 일은 무엇인가요? (가)

10 어휘 학습하기
다음을 보고 밑줄 친 부분의 뜻으로 알맞은 것을 골라 ○표를 하시오.

· 항암: 암세포의 증식을 억제하거나 암세포를 죽임.
· 항균: 균에 저항함.
· 항산화: 산화가 진행되는 것을 억제하거나 완화함.

(1) 어떤 것과 맞서 싸운다는 뜻이다. ( )
(2) 어떤 것이 함께 늘러 굳세한다는 뜻이다. (○)
(3) 어떤 것을 자기 마음대로 다스린다는 뜻이다. ( )

11 어휘 학습하기
다음 중에서 의미가 다른 낱말끼리 짝지어진 것은 무엇입니까? (①)
① 감소 – 유지
② 증가 – 증진
③ 예방 – 방지
④ 질병 – 질환
⑤ 해로운 – 유해한

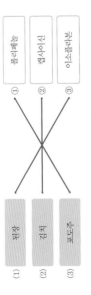
정답 바로 보기

맞힌 개수 / 11개

추인점 10. '항암, 항균, 항산화'라는 낱말이 가진 뜻을 생각해 보고, 공통된 뜻이 무엇일지 생각해 볼 수 있도록 지도해 주세요.

노란 민들레와 해바라기

관련 교과: 6-1 국어 '짜임새 있게 구성해요' / 4-2 과학 '식물의 생활'

노란 꽃을 피우는 민들레는 국화과의 여러해살이풀입니다. 민들레는 종류가 1,000여 가지인데 우리나라의 토종 민들레로는 민들레, 흰민들레, 좀민들레 등이 있습니다. 하지만 최근에는 외국에서 들어온 서양 민들레가 많은데, 도시에서 흔히 볼 수 있는 민들레는 대부분 서양 민들레입니다.

토종 민들레와 서양 민들레는 꽃받침의 모양으로 구별할 수 있습니다. 토종 민들레의 꽃받침은 바로 서 있고, 서양 민들레의 꽃받침은 아래로 젖혀져 있습니다. 토종 민들레는 봄에 꽃이 피고, 서양 민들레는 가을에도 꽃이 핍니다. 민들레의 뿌리는 길고 곧게 자라고 꽃이 필 때 나오는 꽃 대에는 잎이 나옵니다. 잎은 땅에 붙어 사방으로 자라고, 잎의 끝은 뾰족합니다. 꽃은 200여 개의 작은 꽃이 모여 겹쳐 있어서 한 송이처럼 보입니다.

민들레는 약재로도 사용됩니다. 햇볕에 말린 잎과 뿌리는 차로 마시면 좋습니다. 민들레는 위와 간을 튼튼하게 하고 아픈 배를 진정시키는 효과가 있습니다. 또 열을 내리고 소변을 잘 보게 하는 효과도 있습니다.

민들레는 ⓐ에 사용하기도 합니다. 어린 잎으로 나물이나 국을 만들고, 뿌리는 장아찌나 김치를 만들 때 사용합니다. 유럽에서는 민들레 잎으로 샐러드를 만들어 먹습니다.

어려운 낱말 이해
* 여러해살이풀: 겨울에는 땅 위의 부분이 죽어도 봄이 되면 다시 싹이 돋아나는 풀
* 토종(土種): 본디부터 그곳에서 나는 동물이나 식물 따위의 종자.
* 흰나: 풀잎의 뾰족뾰족한 부분.
* 진정시키는: 격앙된 감정이나 아픔 따위를 가라앉히는.

확인 문제 5단계

1 이 글에서 설명하는 대상은 무엇인지 골라 ○표를 하시오.

(1)　　　　(2)　　　　(3)

정답과 해설 22쪽

뿌리

2 내용 확인하기
민들레로 장아찌나 김치를 만들 때 사용하는 부분은 어디인지 쓰시오.
도움말: 민들레의 어린 잎은 나물이나 국, 샐러드에 쓰입니다.

3 내용 확인하기
민들레의 특징을 알맞게 설명한 것은 무엇입니까? (④)
① 꽃이 색깔: 보라색 꽃이 핀다.
② 꽃이 피는 시기: 겨울에 핀다.
③ 잎의 특징: 둥근 잎이 줄기에 붙어 있다.
④ 민들레의 쓰임: 약재나 요리 재료로 쓰인다.
⑤ 뿌리의 특징: 잔털이 많고 옆으로 퍼져 있다.

4 내용 확인하기
민들레의 효능으로 알맞지 않은 것은 무엇입니까? (②)
① 열을 내리게 한다.
② 기억력을 좋게 한다.
③ 소변을 잘 보게 한다.
④ 아픈 배를 진정시킨다.
⑤ 위와 간을 튼튼하게 한다.

5 추론하기
ⓐ에 들어갈 알맞은 말은 무엇입니까? (④)
① 강연
② 공연
③ 연주
④ 요리
⑤ 운동

6 어휘 학습하기
다음 낱말 중에서 나머지를 포함하는 낱말은 무엇입니까? (③)
① 꽃
② 잎
③ 식물
④ 줄기
⑤ 뿌리

주안점 01. 꽃의 특징을 살펴보고 특징에 알맞은 꽃을 찾을 수 있도록 지도해 주세요.

실전 문제

고흐의 그림으로 유명한 노란 꽃 해바라기는 국화과의 한해살이풀인데, 원산지는 중앙아메리카입니다. 페루의 국화이기도 한 해바라기는 콜럼버스가 아메리카 대륙을 발견한 후 유럽에 알려졌으며 '태양의 꽃', '황금꽃'이라고 불렸습니다.

㉠해바라기는 아무 곳에서나 잘 자라고 꽃이 피기 전까지 어린 시기에는 태양의 움직임을 따라 줄기의 끝이 같이 움직입니다. 해바라기는 보통 2m가 넘게 자라고 전체적으로 억센 털이 나 있으며, 지름이 8~60cm 정도나 되는 꽃이 핍니다. 잎은 어긋나게 나는데 매우 넓고 큰 뾰족하며 가장자리는 톱니 모양입니다.

㉡해바라기의 바깥쪽 둘레에는 혀처럼 생긴 노란 꽃이 빙 둘러나 있고, 안쪽에는 많은 모양의 수많은 갈색 통꽃이 촘촘하게 나 있습니다. 해바라기의 꽃은 8~9월에 피는데 줄기 끝이나 가지 끝에 핍니다. 가을철에 꽃이 지기 시작하면 열매가 맺히기 시작합니다. 한 송이의 해바라기 꽃에서는 2천여 개의 열매를 얻을 수 있는데 다 익은 해바라기씨는 줄기가 층층이 옆으로 빽빽이 들어서며 '해바라기씨'라고 불립니다.

㉢해바라기씨는 단백질이 풍부하고 고급 지방이 들어 있어 기름을 짜서 먹기도 하고 그대로 먹기도 합니다. 또 배변 활동을 도와주고 두통이나 소화 불량에 효과가 있으며 심장을 튼튼하게 해 줍니다. 다양한 영양소로 풍부하게 들어 있어 두뇌 발달이나 치매, 노화 예방에도 도움을 줍니다. 해바라기의 줄기 속은 이뇨와 지혈 등에 효과가 있어 약재로도 쓰입니다.

* 원산지: 동식물이 맨 처음 자라난 곳
* 국화(菊 국화 국, 花 꽃 화): 한 나라를 상징하는 꽃
* 이뇨: 오줌을 잘 나오게 함

7 [내용 확인하기] 페루의 국화는 무엇인지 찾아 쓰시오.

(해바라기)

8 [내용 확인하기] 해바라기에 대한 설명으로 알맞지 않은 것은 무엇입니까? (③)
① 키가 크다.
② 꽃이 크다.
③ 잎이 좁고 길쭉하다.
④ 원산지는 중앙아메리카이다.
⑤ 씨에 영양소가 풍부하게 들어 있다.

정답과 해설 23쪽

5일

9 [내용 확인하기] ㉠~㉢ 중에서 '해바라기'라는 이름이 붙여진 이유를 찾아 기호를 쓰시오.

(㉠)

도움말: 해바라기라는 이름에는 꽃이 해를 향해 핀다'라는 뜻을 담고 있습니다.

10 [맞춰 읽기] 민들레와 해바라기의 공통점으로 알맞은 것은 무엇입니까? (⑤)
① 억센 털이 있다.
② 한해살이풀이다.
③ 여름에 꽃이 핀다.
④ 씨는 기름을 짠다.
⑤ 약재로 사용된다.

11 [내용 요약하기] 해바라기씨의 효능을 정리한 것입니다. 더 추가할 수 있는 내용을 찾아 쓰시오.

• 배변 활동을 도와준다.
• 두통이나 소화 불량에 효과가 있다.
• 치매나 노화를 예방해 준다.

((예) 심장을 튼튼하게 해 준다. / 두뇌 발달에 도움을 준다.)

12 [어휘 학습하기] ㉮와 뜻이 반대되는 말은 무엇입니까? (③)
① 둥근 ② 약한 ③ 얇은
④ 작은 ⑤ 단단한

정답 바로 보기

맞힌 개수 / 12개

주의점 12. '두껍다'의 뜻이 '두께가 보통보다 정도보다 크다.'임을 알고, 반대되는 낱말을 찾을 수 있도록 지도해 주세요.

쉬어 가기

다음 뜻을 가진 낱말을 보기 에서 찾아 쓰세요.

정답과 해설 24쪽

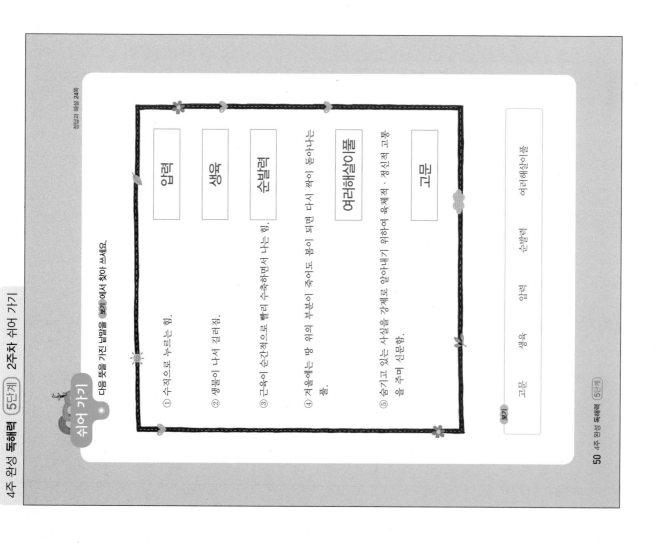

압력

생육

순발력

여러해살이풀

고문

① 수직으로 누르는 힘.

② 생물이 나서 길러짐.

③ 근육이 순간적으로 빨리 수축하면서 나는 힘.

④ 겨울에는 땅 위의 부분이 죽어도 봄이 되면 다시 싹이 돋아나는 풀.

⑤ 숨기고 있는 사실을 강제로 알아내기 위하여 육체적·정신적 고통을 주며 신문함.

보기: 고문 생육 압력 순발력 여러해살이풀

4주 완성 독해력 5단계

3주차 정답

3주차 1일

향기로운 풀 허브

관련 교과 6-1 국어 재미있게 이야기 구성해요 / 6-2 과학 '식물의 구조와 기능

정답과 해설 26쪽

허브는 예로부터 약이나 *향료로 써 온 식물로, 푸른 풀이라는 뜻을 가진 허브(Herb)라는 말에서 유래된 이름입니다. 옛날 그리스 학자 테오프라스투스가 처음으로 허브라는 말을 사용하였는데 그 이후로 지금까지 허브라고 부르고 있습니다. 허브의 종류는 매우 다양해서 라벤더, 로즈메리, 바질 등이 많이 알려져 있지만 미나리나 쑥, 생강과 같은 동양의 허브도 있습니다. 또 허브는 전 세계적으로 음식, 약, 향료 등으로 사용하고 있습니다.

고대 이집트에서는 허브가 부패를 막는 데 효과가 있다는 것을 알고 여러 가지 허브를 사용해 미라를 만들었다고 합니다. 메시코를 신민지로 만든 스페인 사람들은 인디언들이 허브를 사용하는 것을 보고 유럽 사람들에게 허브 기르는 방법을 전하기도 하였습니다.

최근에는 허브를 활용한 관상용이나 요리용 뿐만 아니라 치료용으로도 사용합니다. ㉠허브를 이용해 지친 몸과 마음을 나아지게 하는 방법을 아로마테라피라고 하는데, 아로마테라피에 사용하는 허브에서 추출한 것을 우리 몸에 제공함으로써 세포 재생을 돕는 역할을 높이고 우리 몸의 면역 저항력이 커진다고 합니다.

* **향료(香料)** 향기 향 거리 료: 향기를 내는 데 쓰는 물질.
* **관상용**: 두고 보면서 즐기는 데.
* **추출한**: 고체 또는 액체의 혼합물에 용매를 가하여 혼합물 속의 어떤 물질을 용매에 녹여 뽑아낸.
* **면역**: 외부에서 들어온 병원균에 저항하는 힘.

확인 문제

주제나 중심 내용 파악하기

1 이 글의 중심 내용은 무엇입니까? (①)
① 허브의 쓰임 ② 허브의 생김새 ③ 허브에 관한 책
④ 허브를 기르는 방법 ⑤ 허브와 비슷한 식물

내용 확인하기

2 동양의 허브에 속하는 것을 무엇인지 골라 ○표를 하시오.

라벤더 바질 미나리 로즈메리

도움말 우리 음식에서 쉽게 볼 수 있는 것은 무엇인지 생각해 봅니다.

52 4주 완성 독해력 [5단계]

내용 확인하기

3 고대 이집트에서는 허브를 언제 사용하였는지 쓰시오.
(예 미라를 만들 때)

내용 확인하기

4 허브를 사용해 지친 몸과 마음을 나아지게 하는 방법을 무엇이라고 하는지 쓰시오.
(아로마테라피)

추론하기

5 이 글을 읽고 더 알고 싶은 내용을 알맞게 얘기한 친구의 이름을 쓰시오.
유림: 허브라는 이름은 누가 처음 사용했는지 궁금해.
성호: 허브의 종류마다 어떤 특징이 있는지 알고 싶어.
민수: 허브를 기른 적이 있는데 좋은 경험이 될 거 같아.
(성호)

어휘 학습하기

6 다음과 같은 뜻을 가진 낱말은 무엇인지 ㉠에서 찾아 쓰시오.
외부에서 들어온 병원균에 저항하는 힘.
(면역력)

보너스 강의

여러 가지 허브

여러 가지 허브의 종류를 알아볼까요?

'허브의 종류 바로 보기'

민트 타임 스테비아 레몬 버베나 라벤더

바질 오레가노 로즈메리 사프란 파슬리

3주차 1일 53

실전 문제

정답과 해설 27쪽

허브의 맛과 향은 음식에 더해져 음식의 풍미를 더욱 좋게 해 주고, 육류나 생선류, 해물류의 냄새를 제거해 줍니다. 또 음식의 향과 맛뿐만 아니라 건강에도 좋습니다.

허브는 종류에 따라 특징이나 쓰임이 다릅니다. 쉽게 기를 수 있는 허브로 잘 알려진 바질은 갈 습, 촘촘 등이 충분하며, 향이 강해서 손으로 만지면 향기가 오래 남는 로즈메리는 주로 육류나 생선 요리에 많이 사용합니다. 습도 습윤하게 생긴 파슬리도 요리에 많이 사용하는데 오랜 시간 가열하면 향이 사라집니다.

레몬밤은 상큼한 레몬 향기가 나는 허브로 통증을 줄이는 데 효과가 있습니다. 레몬그라스도 레몬 향기가 나는데, 벌레가 싫어하는 냄새를 뿜어 방충제로도 쓰입니다. 불면증과 여드름에 효과가 있는 캐모마일은 자기 전에 마시는 것이 좋습니다.

민트 중에서도 페퍼민트가 많이 알려져 있습니다. 페퍼민트는 상쾌한 향이 나서 치아에 많이 쓰 이는데, 감기에도 효과가 있습니다. 해물류의 냄 새를 제거해 줍니다. 타임은 목의 향과 기관지염에 효과 가 있고, 제스민은 꽃을 말려서 차로 마시는데 목 소리가 쉬었을 때나 우울한 마음이 들 때 마시면 좋습니다.

이와 같은 특징이 있는 허브로 허브 소금을 만 들어 두면 요리에 쉽게 활용할 수 있습니다. 이때 말린 허브가 없을 경우에는 생허브를 사용해도 됩니다. 먼저 허브를 잘게 썰어 천일염, 통후추와 함께 절구에 넣고 ㉠좋습니다. 찧은 것을 프라이 팬에 넣고 마른 볶음을 쉬어 약한 불에 살짝 볶아 주고 시히면 허브 소금이 완성됩니다. 이런 허브 소금을 용기에 담아 투명한 딱지를 붙인 곳에 보 관하였다가 음식을 만들 때 사용하면 허브를 넣 은 요리를 쉽게 할 수 있습니다.

* 풍미(風味, 맛 풍, 맛있을 미): 음식의 고상한 맛.
* 촘촘: 다그쳐 빨리 나아가게 함.
* 불면증: 밤에 잠을 자지 못하는 상태가 지속되는 증세.

내용 확인하기

7 허브를 육류, 생선류, 해물류의 요리에 넣는 까닭을 찾아 쓰시오.

(예) 냄새를 제거해 주기 위해서

중심낱말 5단계

8 ㉠에 들어갈 알맞은 말은 무엇이겠습니까? (⑤)

① 매도 　② 사과 　③ 장미
④ 포도 　⑤ 파인애플

도움말 파인애플민트라는 이름에서 어떤 향이 날지 추론하여 봅니다.

54 4주 완성 독해력 (5단계)

내용 확인하기

9 허브의 특징에 알맞게 선으로 이으시오.

(1) 타임 　　　㉠ 치아에 많이 쓰인다.

(2) 페퍼민트 　㉡ 불면증에 효과가 있다.

(3) 캐모마일 　㉢ 목의 통증이나 기관지염에 효과가 있다.

내용 요약하기

10 로즈메리로 허브 소금을 만드는 방법을 정리한 것입니다. 빈칸에 들어갈 알맞은 내용을 쓰시오.

① 로즈메리를 잘게 썬다.
② 절구에 로즈메리와 천일염, 통후추를 넣고 찧는다.
③ 찧은 재료를 프라이팬에 넣고 마른 볶음을 쉬어 약한 불에 살짝 볶는다.
④ (　　　　　　　　　　　　　　)
⑤ 허브 소금을 용기에 담아 투명한 딱지를 붙인 곳에 보관한다.

(예) 허브 소금을 식힌다.

매서 읽기

11 이와 같은 글을 읽을 때 주의할 점으로 알맞은 것은 무엇입니까? (①)

① 중심 내용을 파악하며 읽는다.
② 감동적인 부분을 찾으며 읽는다.
③ 글쓴이의 마음을 생각하며 읽는다.
④ 글쓴이의 주장을 파악하며 읽는다.
⑤ 일이 일어난 순서를 파악하며 읽는다.

어휘 학습하기

12 ㉠과 비슷한 말은 무엇입니까? (④)

① 썹다 　② 접다 　③ 싫다
④ 썹다 　⑤ 붉습니다

정답 바로 보기

맞힌 개수 　/ 12개

3주차 1일 55

11. 글을 읽을 때는 글의 종류에 따라 읽는 방법이 달라진다는 것을 지도해 주세요. 이 글은 설명하는 글이기 때문에 글에서 설명하는 대상을 찾기, 글의 중심 내용 찾기, 글의 구조 파악하기 등에 주의하며 읽어야 해요.

3주차
2일
인터넷 신조어, 이대로 사용해도 좋은가?

관련 교과 5-1 국어 '알맞은 근거를 들고 글쓴이의 주장 펴내기' / 6-1 국어 '올바른 우리말 사용을 주제로 글 쓰기'

정답과 해설 28쪽

확인 문제

"안녕하궁?"

"지뭇미……"

어느 나라 말일까요? 한글로 써져 있으니 우리나라 말인 듯한데, 무슨 뜻일까요? '안녕하궁'은 안 물어보았고 안 궁금하다. '지뭇미'는 '지켜 주지 못해서 미안해.'라는 뜻의 줄임말입니다. 이렇게 인터넷에서 새로 만들어져 유행하거나 사용하고 있는 말들을 인터넷 신조어라고 합니다. 인터넷 신조어에는 몇 가지 공통된 특징이 있습니다. 그 특징에 대해 자세히 살펴볼까요?

먼저 인터넷 신조어는 말을 줄여 표현하는 경우가 많습니다. 인터넷에서는 말을 길게 쓰기 어렵고 빨리 대화해야 하기 때문에 줄여 쓰려고 합니다. 그래서 '안녕하궁'처럼 줄여서 표현하는 답이 많습니다.

둘째, 인터넷 신조어는 일부 누리꾼들을 중심으로 사용되기 때문에 일반인이 듣고 그 의미를 이해하기가 어렵습니다. 특히, 기성세대는 인터넷 신조어를 듣고 그 의미를 짐작하지 못해 의사소통에 어려움을 경험하기도 합니다.

셋째, 인터넷 신조어는 알파벳, 특수 문자, 한글 자모 등 컴퓨터에서 표현할 수 있는 것이라면 무엇이든 조합하고 뒤틀어 표현하기 때문에 한글 파괴, 언어 파괴의 문제를 일으킵니다. '붐무노운'이란 말은 복숭아꽃을 뒤집어서 표현한 것인데, 심각한 한글 신조어 사용의 예

語彙 풀이
* **신조어**(新 새 신, 造 지을 조, 語 말씀 어): 새로 생긴 말.
* **누리꾼**: 사이버 공간에서 활동하는 사람.
* **기성세대**: 현재 사회에서 이끌어 가는 나이가 든 세대.
* **조합**(組 짤 조, 合 합할 합)하고: 여럿을 한데 모아 한 덩어리로 짜고.

주인이나 주제 파악하기

1 이 글은 무엇에 대해 설명하고 있는지 알맞은 것을 두 가지 고르시오. (① , ②)

① 인터넷 신조어의 뜻
② 인터넷 신조어의 특징
③ 인터넷 신조어의 변화
④ 인터넷 신조어를 사용하는 지역
⑤ 바람직한 인터넷 신조어 사용의 예

내용 확인하기

2 인터넷 신조어에 대해 바르게 설명한 것은 무엇입니까? (⑤)

① 새롭게 만들어진 말
② 무조건 짧게 줄인 말
③ 인터넷을 사용하는 데 꼭 필요한 말
④ 일상에서는 쓰지 않고 인터넷에서만 쓰는 말
⑤ 인터넷에서 새로 만들어져 유행하거나 사용하고 있는 말

도움말 '신조어'가 아니라 '인터넷 신조어'에 대해 바르게 설명하고 있는 것을 찾아봅니다.

내용 확인하기

3 다음 뜻을 나타내는 인터넷 신조어를 찾아 쓰시오.

(1) 지켜 주지 못해서 미안하다.: (지뭇미)
(2) 안 물어보았고, 안 궁금하다.: (안물안궁)

내용 요약하기

4 인터넷 신조어의 특징을 요약하여 빈칸에 들어갈 알맞은 말을 쓰시오.

(1) 말을 (예 줄여) 표현하는 경우가 많다.
(2) 일반인이 듣고 그 의미를 이해하기 (예 어렵다).
(3) (예 한글 파괴), 언어 파괴의 문제를 일으킨다.

추론하기

5 다음 상황에서 아버지의 마음은 어떠할지 추측해 쓰시오.

아버지: 요즘 아빠가 무슨 해 읽고 있는지 궁금하지 않니?
수민: 안물안궁이요.
아버지: 뭐? 안물안궁? 그런 해가 아니야?……

(예 무슨 뜻인지 이해할 수 없어 답답하다.)

어휘 학습하기

6 다음 낱말과 뜻이 비슷한 낱말은 무엇입니까? (③)

네티즌

① 시민 ② 국민 ③ 누리꾼 ④ 구경꾼 ⑤ 해방군

주인점 05. 인터넷 신조어를 사용하여 대화할 때 어떤 문제가 발생할 수 있는지 생각해 볼 수 있도록 지도해 주세요.

4주 완성 **독해력** 5단계 3주차 2일

실전 문제

정답과 해설 29쪽

사회자: '인터넷 신조어, 이대로 사용해도 좋은 가?'에 대해 토론하겠습니다. 찬성과 반대의 의견을 말씀해 주시기 바랍니다.

박시윤: 저는 인터넷 신조어 사용에 찬성합니다. 인터넷 신조어를 사용하면 빠르고 편리하게 대화를 주고받을 수 있습니다. 특히 인터넷 신조어에는 줄임말이 많은데, 줄임말을 사용 하면 글자를 입력하는 데 시간이 덜 걸려서 SNS 등에서 빠르게 자신의 생각을 주고받을 수 있습니다.

천유림: 저는 인터넷 신조어 사용에 반대합니다. 인터넷 신조어는 한글을 파괴하고 아름다운 한글을 망칩니다. '겨울담'이라는 뜻으로 '겨'가 '기'와 닮아서 '겨'대'라는 뜻으로 인터넷에서 쓰이고 있는데, 이런 인터넷 신조어는 한글 을 파괴하는 것이나 다름없는 것이라고 생각합니다.

* 풍요롭게: 흠뻑 많아서 넉넉함이 있게.
* 탄생(誕生 낳을 탄: 초날 생): 조직, 제도, 사업체 따위가 새로 생김.
* 단절시키기: 유대나 연관 관계를 끊어지게 하기.

이지안: 저는 인터넷 신조어 사용에 찬성합니다. 인터넷 신조어는 우리말을 더욱 풍요롭게 합 니다. 언어는 세월에 따라 만들어지기도 하고 사 라지기도 하기 때문에 새로운 말을 만들어서 쓰는 것은 자연스러운 일입니다. 그래서 인 터넷 신조어를 무조건 나쁘다고 판단해서는 안 됩니다. '세상에서 제일 예쁘다'는 뜻을 '세젤예'라는 단어로 우리말을 풍요롭게 한 예 입니다.

김규영: 저는 인터넷 신조어의 사용에 반대합니다. 대화를 단절시키기 때문에 좋지 않다고 생각 합니다. 인터넷 신조어는 주로 젊은 층에서 사용합니다. 젊은 층이 쓰는 말을 이해하지 못하는 어른들은 젊은이들과 대화하는 데 어 려움을 느낄 것입니다. 지나치게 줄여 쓰고, 뜻을 알기 어려운 인터넷 신조어들이 세대 간 의 의사소통을 가로막고 있습니다.

주장이나 주제 파악하기

7 토론 주제는 무엇입니까? (⑤)
① 인터넷 신조어의 뜻을 알아보자.
② 인터넷 신조어를 바르게 사용하자.
③ 인터넷 신조어의 특징은 무엇인가?
④ 인터넷 신조어의 사용을 어떻게 규제할까?
⑤ 인터넷 신조어, 이대로 사용해도 좋은가?

내용 확인하기

8 주장이 같은 사람끼리 바르게 짝지어진 것을 두 가지 고르시오. (② . ④)
① 박시윤, 천유림
② 박시윤, 이지안
③ 천유림, 이지안
④ 천유림, 김규영
⑤ 박시윤, 김규영

도움말 찬성하는 사람과 반대하는 사람을 나누어 봅니다.

1일 **2일** 3일 4일 5일

내용 요약하기

9 박시윤 학생의 주장과 근거를 정리해 쓰시오.
(1) 주장: (예 인터넷 신조어 사용에 찬성한다.)
(2) 근거: (예 빠르고 편리하게 대화를 주고받을 수 있기 때문이다.)

근거의 타당성 판단하기

10 인터넷 신조어 사용에 반대하는 학생들이 든 근거를 두 가지 고르시오. (③ . ④)
① 인터넷 신조어를 사용하면 재미가 있다.
② 인터넷 신조어는 우리말을 더욱 풍요롭게 한다.
③ 인터넷 신조어는 세대 간의 대화를 단절시킨다.
④ 인터넷 신조어는 한글을 파괴하고 아름다운 한글을 망친다.
⑤ 인터넷 신조어를 사용하면 빠르고 편리하게 의사소통할 수 있다.

매처 읽기

11 인터넷 신조어 사용에 대한 자신의 주장과 근거를 생각하여 정리해 쓰시오.
(1) 주장: (예 인터넷 신조어 사용에 반대한다.)
(2) 근거: (예 인터넷을 많이 사용하지 않는 사람들은 그 말이 어렵고 불편하다.)

어휘 학습하기

12 이 글에 나온 낱말과 그 뜻을 알맞게 선으로 이으시오.

(1) 풍요롭다 ───── ① 흠뻑 많아서 넉넉함이 있다.

(2) 단절시키다 ───── ② 유대나 연관 관계를 끊어지게 하다.

 정답 바로 보기

맞힌 개수 / 12개

3주차 2일 59

주의점 11. 인터넷 신조어 사용에 대한 학생들의 주장과 근거를 확인한 후 자신의 생각을 정리하여 표현할 수 있도록 지도해 주세요.

3주차 3일

태양계가 궁금해요

관련 교과 5-1 과학 태양계와 별

태양계에 있는 항성과 행성의 차이점을 알고 있나요? 항성은 자리를 바꾸지 않고 별자리를 구성하는 별로 몇 억 개나 스스로 빛을 내고 있는 별입니다. 우리가 확실하게 알고 있는 항성은 태양입니다. 태양은 지구에서 가장 가까운 항성으로 지구로부터 약 1억 5천만km 떨어져 있으며, 지름이 약 140만km로 지구의 약 109배나 됩니다. 태양은 수소가 타서 헬륨이 되는 핵융합 반응을 통해 스스로 빛을 내며 에너지를 만들어냅니다. 태양이 만들고 있는 에너지 때문에 지구의 식물들은 산소를 만들어 내서 광합성을 할 수 있습니다. 또 태양열 때문에 현상이 일어나 비도 내리고 눈도 내릴 수 있습니다. 태양은 태양계에서 중심 역할을 하고 있으며, 지난 우주에는 태양보다 더 큰 별들이 많이 존재하고 있기 때문에 우주에 있는 다른 별들과 비교하면 지구의 평범한 별이라고 할 수 있습니다.

그렇다면 행성은 무엇일까요? 행성은 스스로 빛을 내지 못하고 중심 별이 강한 인력의 영향으로 중심 별의 주위를 도는 천체를 말합니다. 행성이 되기 위해서는 표면이 단단해야 하며 구의 형태여야 합니다. 태양계 안에는 수성, 금성, 지구, 화성, 목성, 토성, 천왕성, 해왕성 등 8개의 행성이 있으며, 각 행성은 태양의 둘레를 공전하고 있습니다.

주요어나 주제 파악하기

1 이 글의 제목으로 어울리는 것은 무엇입니까? (②)

① 태양의 특징   ② 항성과 행성   ③ 행성이 생겨난 까닭
④ 행성의 크기 비교   ⑤ 태양계의 여러 행성

내용 확인하기

2 다음 중에서 항성인 것을 골라 ○표를 하시오.

| 금성 | 태양 | 화성 | 지구 | 목성 | 천왕성 |

정답과 해설 30쪽

60 4주 완성 독해력 5단계

내용 확인하기

3 태양이 스스로 빛을 낼 수 있는 까닭은 무엇입니까? (②)

① 대기가 건조하기 때문에   ② 핵융합 반응을 하기 때문에
③ 크기와 질량이 크기 때문에   ④ 지구를 공전하고 있기 때문에
⑤ 지구는 스스로 빛을 내는 항성이기 때문에

추론하기

4 '지구는 초록별이다.'라는 말이 틀린 이유를 바르게 말한 친구의 이름을 쓰시오.

민준: 지구는 항성이 아니라 행성이기 때문이야.
수호: 지구는 초록별이 아닌 검은별이기 때문이야.
은우: 지구는 스스로 빛을 내는 항성이기 때문이야.

(**민준**)

도움말 * 별로 항성을 나타내는 말입니다.

매체 읽기

5 이와 같은 글을 읽는 방법으로 알맞은 것을 골라 ○표를 하시오.

(1) 설명하는 내용이 정확한지 확인하며 읽어야 한다.   (○)
(2) 내 생각과 비교하며 비판하는 태도로 읽어야 한다.   ( )
(3) 글쓴이의 주장과 주장에 대한 근거를 따져보며 읽어야 한다.   ( )

어휘 학습하기

6 다음과 같은 뜻을 가진 낱말을 찾아 쓰시오.

행성이 태양의 둘레를 돌거나 위성이 행성의 둘레를 도는 일.

(**공전**)

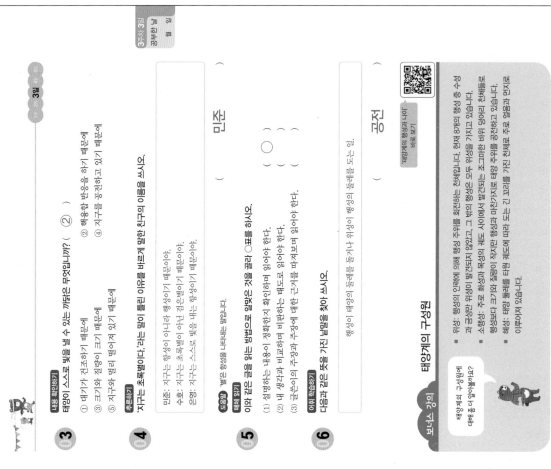

태양계로 행성과 나의
바로 보기

보너스 강의 | 태양계의 구성원

태양계 구성원에 대해 좀 더 알아볼까요?

- **위성**: 행성의 인력에 의해 행성 주위를 회전하는 천체입니다. 현재 8개의 행성 중 수성과 금성만 위성이 발견되지 않았고, 그 밖의 행성은 모두 위성을 가지고 있습니다.
- **소행성**: 주로 화성과 목성의 궤도 사이에서 마찬가지로 태양 주위를 공전하고 있습니다.
- **혜성**: 태양 둘레를 타원 궤도에 따라 도는 긴 꼬리를 가진 천체로 주로 얼음과 먼지로 이루어져 있습니다.

* **태양계**: 태양과 그것을 중심으로 공전하는 천체의 집합.
* **인력(引力, 끌 인, 힘 력)**: 공간적으로 떨어져 있는 물체끼리 서로 끌어당기는 힘.
* **천체(天體 하늘 천, 몸體)**: 우주에 존재하는 모든 물체. 항성, 행성, 위성, 혜성 따위를 통틀어 이르는 말.
* **공전(公轉)**: 행성이 태양의 둘레를 돌거나 위성이 행성의 둘레를 도는 일.

주안점 05. 이 글은 항성과 행성의 차이점을 설명하는 글입니다. 설명하는 글을 읽을 때에는 무엇을 설명하고 있는지, 설명하는 내용이 정확한지 따져 보며 읽을 수 있도록 지도해 주세요.

4주 완성 독해력 [5단계] 3주차 3일

정답과 해설 31쪽

실전 문제

수성은 태양과 가장 가까운 행성으로 크기가 아주 작습니다. 수성에는 대기가 거의 없어 어두운 표면은 건조하고, 운석들의 충돌로 생긴 *크레이터들이 많아 울퉁불퉁합니다. 개밥바라기나 샛별이라고 부르는 금성은 저녁의 서쪽 하늘이나 새벽의 동쪽 하늘에서 볼 수 있습니다. 크기는 지구와 비슷하며 이산화 탄소로 가득한 대기층이 있습니다. 이산화 탄소로 이루어진 대기층이 태양열을 가두어 *온실 효과를 일으키기 때문에 태양과 가까운 수성보다 더 뜨겁습니다.

지구는 ⊙대기가 있어 온화한 온도를 유지하고, 물이 풍부하여 생명체가 살아가기에 적당합니다. 약간 기울어진 채로 태양 주위를 돌고 있어 지구에는 사계절이 나타납니다. 화성은 지구의 반 정도로 대기층이 있지만 지구의 약 100분의 1 정도로 매우 얇습니다. 표면이 붉은 색을 따는 먼지로 덮여 있어서 붉은 행성으로 불리기도 합니다.

태양계에서 가장 큰 행성인 목성에는 대적반이라는 붉은 점 모양의 구름 소용돌이가 있는데 가스와 얼음 구름들로 이루어져 있습니다. 멋진 고리를 가지고 있는 토성은 태양계에서 두 번째로 큰 행성입니다. 토성의 고리는 아주 작은 돌멩이나 얼음 조각들이 한 크기부터 거대한 암석만 한 크기까지 다양한 크기의 돌덩어리들이 공중에 떠서 돌고 있는 것입니다.

천왕성은 태양과의 거리가 멀어서 주요 행성입니다. 지구의 4배 정도의 크기이며, 자전축이 거의 98도 정도 기울어져 있어 양옆이 계속됩니다. 천왕성도 고리를 가지고 있지만 토성의 고리보다 어둡습니다. 해왕성은 대기 중에 있는 메탄가스의 영향으로 푸르게 보입니다. 태양과 멀리 떨어져 있어 태양의 둘레를 한 바퀴 도는 데 거의 164년이 걸리고 거의 밤만 계속되는 행성입니다.

* 대기(大氣, 클 大, 기운 氣): 천체의 표면을 둘러싸고 있는 기체.
* 크레이터: 행성, 위성 따위의 표면에 보이는, 둥근 모양의 큰 구멍의 모양인 지형.
* 온실 효과: 대기 중의 수증기, 이산화 탄소 따위가 적외선 복사를 흡수하여 지표의 온도를 높게 유지하는 작용.

7 글쓴이가 대상을 설명하고 있는 방법으로 알맞은 것을 골라 ○표를 하시오.

(1) 주제에 따른 특징을 사실을 들어 설명했다. ( )
(2) 일정한 기준에 따라 같은 것끼리 묶어서 설명했다. (○)
(3) 두 가지 이상의 대상에서 공통점과 차이점을 찾아 설명했다. ( )

8 내용 확인하기
행성의 특징이 바른 것은 무엇입니까? (④)

① 지구 - 생명체가 살 수 없다.
② 화성 - 대적반을 가지고 있다.
③ 목성 - 멋진 고리를 가지고 있다.
④ 화성 - 붉은 행성으로 알려져 있다.
⑤ 해왕성 - 태양계에서 두 번째로 크다.

62 4주 완성 독해력 [5단계]

1일 2일 **3일** 4일 5일

9 내용 요약하기
다음은 금성에 대한 내용입니다. 빈칸에 이어질 알맞은 말을 쓰시오.

금성의 표면 온도가 수성보다 더 뜨거운 까닭은 (예) 이산화 탄소로 이루어진 대기층이 태양열을 가두어 온실 효과를 일으키기 때문이다.

10 추론하기
다음을 크기가 큰 행성부터 순서대로 쓰시오.

지구   화성   천왕성

(천왕성) → (지구) → (화성)

도움말: 화성은 지구 크기의 반 정도라고 하였고, 천왕성은 지구의 4배 크기라고 하였습니다.

11 추론하기
이 글의 내용을 바탕으로 행성을 다음과 같이 분류했다면 분류 기준은 무엇일지 생각해 쓰시오.

수성, 금성, 지구, 화성, 목성, 토성, 천왕성, 해왕성

토성, 천왕성 ← 고리가 있는 행성
수성, 금성, 지구, 화성, 목성, 해왕성 ← 고리가 없는 행성

· 분류 기준: ((예) 고리가 있는 행성과 고리가 없는 행성)

12 어휘 학습하기
다음 밑줄 친 낱말이 ⊙과 같은 뜻으로 사용된 문장의 기호를 쓰시오.

㉮ 비행기를 타기 위해 공항에 대기 중이다.
㉯ 미세 먼지로 인한 대기 오염이 심각하다.

((나))

정답 바로 보기

맞힌 개수 [ ] / 12개

3주차 3일 63

확인 문제

소나무와 잣나무

관련 교과 5-1 국어 '설명하는 글의 특성 읽기 / 6-1 과학 '식물의 구조와 기능'

정답과 해설 32쪽

심장생에도 속하는 소나무는 ㉠장수를 상징하는 소나뭇과의 나무로 사계절 내내 잎의 색이 변하지 않는 상록수입니다. 소나무는 약 35m 정도의 높이까지 자랍니다. 잎은 두 잎이 뭉쳐납니다. 꽃은 5월에 피며, 열매는 솔방울이라고 하며 달걀 모양입니다. 거북이 등같이 갈라진 소나무 줄기 겉에서 나온 ＊송진은 고약의 원료 등 약용으로 쓰고, 꽃가루인 송홧가루로는 다식을 만들어 먹습니다. 소나무는 건축이나 펄프의 원료로 이용되며 관상용으로도 많이 쓰입니다.

잣나무도 소나무과의 나무로 잎맷 보면 소나무와 구분하기 힘듭니다. 잣나무 역시 잎이 뾰족한 침엽수이며 사계절 내내 푸릅니다. 잣나무는 10~30m 정도의 높이까지 열 매며, 꽃은 5월에 피고, 달걀 모양의 열매는 10월에 열리며, 열매 속에 있는 씨를 '잣'이라고 합니다. 잣은 고소하고 맛이 좋아 한과 등의 전통 음식에 많이 사용하며, 변비를 없애 주고 소화를 돕습니다. 잣나무는 건축이나 가구의 재료로 이용되며 정원수로도 심습니다.

이처럼 소나무와 잣나무는 둘 다 잎이 뾰족하며 겨울에도 지지 않고 늘 푸른 잎을 가집니다. 꽃은 5월에 피고, 열매의 모양이 긴 달걀 모양으로 비슷하게 생겼습니다. 그리고 둘 다 암수가 함께 있는 암수 한 그루 나무입니다.

＊침엽수: 잎이 바늘처럼 뾰족한 겉씨식물.
＊송진(松진소나무 송, 津진액 진): 소나무나 잣나무에서 분비되는 끈적끈적한 액체.
＊다식: 우리나라 고유 과자의 하나. 녹말·송화·검은깨 따위의 가루를 꿀이나 조청에 반죽하여 다식판에 박아 만든 것.

1 [주제나 주제 파악하기]
이 글은 무엇에 대해 설명하고 있습니까? (④)
① 소나무와 잣나무를 볼 수 있는 곳
② 소나무와 잣나무를 잘 기르는 방법
③ 세계 여러 나라의 소나무와 잣나무
④ 소나무와 잣나무의 공통점과 차이점
⑤ 소나무와 잣나무에 잘 생기는 병충해

2 [내용 확인하기]
소나무의 특징으로 알맞지 않은 것은 무엇입니까? (④)
① 잎이 뾰족하다.
② 장수를 상징하는 나무이다.
③ 사계절 내내 잎의 색이 변하지 않는다.
④ 씨는 고소하고 맛이 좋아 전통 음식에 많이 사용된다.
⑤ 줄기에서 나온 송진은 고약의 원료 등 약용으로 쓰인다.

3 [어휘 학습하기]
㉠은 동형어로 소리는 같으나 여러 가지 뜻을 지닌 낱말입니다. 이 글에서는 어떤 뜻으로 쓰였는지 알맞은 것에 ○표를 하시오.
(1) 오래도록 삶. (○)
(2) 장사하는 사람. ( )
(3) 군사를 거느리는 우두머리. ( )

[도움말] 오래도록 살고 죽지 않는다는 열 가지를 십장생이라 하는데, '해, 산, 물, 돌, 구름, 소나무, 불로초, 거북, 학, 사슴'이 이에 속합니다.

4 [내용 확인하기]
소나무의 줄기 겉 모습을 무엇에 비유하여 나타냈습니까? (③)
① 비단 ② 벌집 ③ 거북 등
④ 아이가죽 ⑤ 마른 논바닥

5 [추론하기]
이 글의 설명 방법으로 알맞은 것을 두 가지 고르시오. (①), (④)
① 비교 ② 인과 ③ 예시
④ 분석 ⑤ 분류

6 [어휘 학습하기]
다음을 뜻하는 낱말을 보기 에서 골라 쓰시오.

보기
침엽수   활엽수   낙엽수   상록수

(1) 사철 내내 잎이 있어 푸른 나무: (상록수)
(2) 잎이 바늘처럼 뾰족한 겉씨식물: (침엽수)

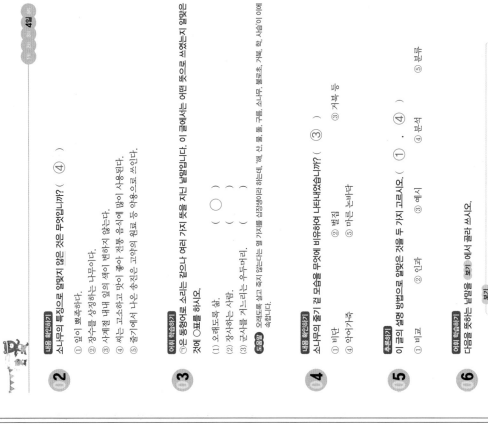

주안점 05. 이 글의 첫 번째와 두 번째 문단에서는 소나무와 잣나무를 잎, 꽃, 열매 등으로 나누어 설명하고, 마지막 문단에서는 둘의 공통점을 설명하고 있음을 지도해 주세요.

실전 문제

정답과 해설 33쪽

이처럼 생김새가 비슷하여 구별하기 어려운 소나무와 잣나무를 확실하게 구별할 수 있도록 돕는 말이 ⊙_____입니다.

소나무와 잣나무를 구별할 수 있는 가장 확실한 방법은 잎의 개수를 세어 보는 것입니다. 소나무는 잎이 2개씩 뭉쳐나고, 잣나무는 잎이 5개씩 뭉쳐납니다. 잣나무는 잎이 5개씩 뭉쳐나기 때문에 '오엽송'이라고도 불립니다.

두 번째, 줄기의 겉모습이 다릅니다. 소나무 줄기의 겉모습은 많이 거칠고 쉽게 벗겨질 듯하나, 잣나무는 소나무에 비해 덜 얇한 편입니다.

세 번째, 자라는 모양도 다릅니다. 소나무는 불규칙하게 가지를 뻗어 올라가서 이리저리 구부러

지며 제각각 다른 모양으로 자라지만, 잣나무는 규칙적으로 가지를 뻗습니다. 그래서 잣나무는 전체적으로 원뿔 모양으로 자랍니다.

네 번째, 소나무와 잣나무의 열매는 비슷해 보이지만 자세히 보면 크기와 모양이 서로 다릅니다. 소나무의 열매는 솔방울을 일반적으로 잘 알려진 계란형입니다. 그러나 잣나무의 열매는 솔방울보다 조금 더 길고 잣을 품고 있는 열매 조각의 끝이 뒤로 젖혀져 있습니다. 그리고 소나무의 열매는 길이가 5cm 정도이지만 잣나무의 열매는 12~15cm로 솔방울보다 두 배 이상 큽니다. 또소나무의 열매 속에는 날개 달린 씨앗은 열매 속이 있지만, 잣나무의 열매 속에는 잣이 들어 있는 것을 맛을 수가 있습니다.

* **구별(區別)하다:** 성질이나 종류에 따라 차이가 나기. 또는 그렇게 나눔.
* **뭉치다:** 풀이나 나무가 무더기로 더북하게 나다.
* **불규칙하게:** 규칙에서 벗어나 있게. 또는 규칙이 없게.
* **오엽:** 잎이 평면 밖의 정점과 원주 위의 모든 점을 연결하여 생긴 면으로 둘러싸인 입체.

주장이나 주제 파악하기

7 글쓴이가 이 글을 쓴 목적으로 알맞은 것에 ○표를 하시오.

(1) 소나무와 잣나무를 보호하고 조심하기 위해서 ( )

(2) 소나무와 잣나무의 구별 방법을 알려 주기 위해서 (○)

(3) 소나무와 잣나무를 심고 가꾸는 방법을 알려 주기 위해서 ( )

내용 확인하기

8 ⊙에 들어갈 알맞은 낱말은 무엇입니까? (②)

① 공통점 ② 차이점 ③ 비교점
④ 닮은 점 ⑤ 재미있는 점

내용 확인하기

9 잣나무의 특징에 해당하는 두 가지를 골라 기호로 쓰시오.

㉮ 열매를 먹을 수 있다.　㉯ 잎이 두 개씩 뭉쳐난다.
㉰ 열매의 길이는 5cm 정도이다.　㉱ 열매 조각의 끝이 뒤로 젖혀져 있다.

(㉮ · ㉱)

매체 읽기

10 다음 잎의 그림을 보고, 소나무인지 잣나무인지 구별해 쓰시오.

(1) (잣나무)　(2) (소나무)

어휘 학습하기

11 다음 빈칸에 들어갈 알맞은 말은 무엇입니까? (②)

표면과 지터는 비슷하게 생길지만, 몸에 난 무늬로 _____할 수 있다.

① 구분 ② 구별 ③ 차별 ④ 분석 ⑤ 변별

도움말: 구분: 일정한 기준에 따라 전체를 몇 개로 갈라 나눔. / 구별: 성질이나 종류에 따라 갈라놓음. / 차별: 둘 이상의 대상을 각각 등급이나 수준 따위의 차이를 두어서 구별함. / 분석: 개념이나 문장이나 종류에 따라 단순한 개념이나 문장으로 나눔. / 변별: 사물의 옳고 그름이나 좋고 나쁨을 가림.

정답 바로 보기

맞힌 개수　　/ 11개

4주 완성 독해력 (5단계) 3주차 5일

3주차 5일

한옥에 담긴 조상의 슬기

관련 교과 5-2 국어 '효과적인 방법으로 발표하기' / 4-1 사회 '시대마다 다른 삶의 모습'

확인 문제

한옥은 우리나라의 전통 *가옥으로 주변에서 쉽게 구할 수 있는 흙과 나무, 볏짚 등을 이용하여 지었습니다. 한옥에는 목조 구조에 흙을 구워 만든 기와를 지붕에 얹은 기와집과 볏짚을 지붕에 얹은 초가집이 있습니다.

한옥의 가장 큰 특징은 자연 *친화적인 점입니다. 나무, 돌, 볏짚, 흙 등 자연 재료를 사용하였을 뿐만 아니라, 산을 등지고 앉으면서도 물이 흐르는 ㉠*배산임수 지형에 집을 지어 아름다운 자연 경관을 느낄 수 있습니다.

예로부터 우리나라는 사계절이 뚜렷하여 여름에는 덥고, 겨울에는 추웠습니다. 그래서 한옥은 더위를 이겨 내기 위한 마루와 추위를 이겨 내기 위한 온돌을 모두 갖추고 있습니다. 마루는 바닥과 사이를 띄우고 나무 널빤지를 깔아 놓은 것으로, 더운 여름에는 시원한 마루에서 낮잠을 즐길 수 있었습니다. 온돌은 방에 넓적하고 큰 돌을 놓고 흙으로 덮은 후 아궁이에 불을 때어 방바닥을 따뜻하게 하는 것으로, 추운 겨울에는 주로 온돌방에서 생활하였습니다.

요즘 사람들이 주로 사는 양옥도 한옥의 주택 구조를 고스란히 담고 있습니다. 현관에 들어서면 거실이 보이고, 이를 통해 각 방으로 줄이 이어집니다. 이는 거실을 마당으로, 각 방을 온돌방으로 삼은 것입니다. 이처럼 현대에 들어서면 거실이 담긴 이는 전통적인 한옥의 배치를 계승한 것입니다.

정답과 해설 34쪽

★가옥(家 집 가, 屋 집 옥): 사람이 사는 집
★친화적: 사이좋게 잘 어울리는, 또는 그런 것.
★배산임수: 땅의 모양이 뒤로 산을 등지고 앞으로는 물에 면하여 있음.
★계승한: 조상의 전통이나 문화유산, 업적 따위를 물려받아 이어 나감.

매체 읽기

1 글을 쓴 목적을 바르게 파악한 친구의 이름을 쓰시오.

진주: 한옥의 특징은 무엇인지 알려 주는 글이야.
세원: 한옥과 양옥의 공통점과 차이점을 소개하기 위한 글이야.
현경: 한옥을 보존하기 위해 어떤 노력을 기울여야 하는지 주장하는 글이야.

(진주)

내용 확인하기 (5단계)

2 우리나라의 전통 가옥을 무엇이라고 하는지 찾아 쓰시오.

(한옥)

내용 확인하기

3 한옥에서만 볼 수 있는 것을 두 가지 고르시오. (③ , ④)

① 방　② 기둥　③ 온돌　④ 마루　⑤ 마당

추론하기

4 이 글을 읽고 알 수 있는 내용에 ○표를 하시오.

(1) 요즘 사람들은 한옥이 불편하여 선호하지 않는다. ( )
(2) 한옥의 장점은 현대에도 계승되어 활용되고 있다. ( )
(3) 한옥은 좋은 점이 많아 요즘에도 대부분의 사람들이 한옥에서 산다. ( )

추론하기

5 ㉠을 나타낸 그림으로 알맞은 것에 ○표를 하시오.

(1) 　(2) 　(3)

( ) ( ) ( )

도움말: 배산임수는 뒤로는 산을 등지고 앞으로는 물이 흐르는 모습을 말합니다.

보너스 강의

한옥에 담긴 조상들의 지혜

한옥에 숨어 있는 과학 원리에 대해 자세히 알까요?

'한옥에 담긴 조상들의 지혜' 바로 보기

한옥에 담긴 조상들의 지혜

- 아무것도 없는 마당은 태양열로 인해 뜨겁게 달구어져 상승 기류가 형성되고, 신과 연결된 집 뒤쪽은 숲이 있어 한 공기가 형성되었습니다. 그러면 뒤쪽의 찬 공기가 집안을 통과하여 마당 쪽으로 이동하여 한옥은 항상 시원하였습니다.
- 안채와 창고 사이의 간격을 마당 쪽은 넓게, 뒤로 갈수록 좁게 만들어 이름에 남풍이 불 때 좁은 통로를 통과하는 바람이 세기가 세어져 안채로 바람이 들어가게 하는 효과가 있었습니다.
- 굿간 뒤쪽은 냉장고로 쓰기 때문에 바람이 세게 통과하며 찬 기온을 유지할 수 있게 하였습니다.

주인정 01. 글에서 알려 주려는 내용이 무엇인지 글을 쓴 목적을 파악할 수 있도록 지도해 주세요.

실전 문제

정답과 해설 35쪽

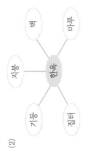

(가) 한옥을 지을 때는 먼저 흙을 고르고 땅을 평평하게 다져 터 닦기를 한 후 집터보다 조금 높게 단을 쌓는다. 그 뒤 기둥을 세울 자리에 음식한 주춧돌을 박습니다. 주춧돌은 받는 이루는 땅속의 수분이 기둥에 스며들어 기둥이 썩는 일을 막기 위해서입니다. 그 다음 주춧돌 위에 기둥을 세우고 집의 뼈대를 만듭니다. 수직으로 무게를 지탱해 주는 기둥과 가로로 하중을 지탱해 주는 보가 기본 뼈대입니다.

그리고 창을 낸 후 벽이 될 자리에 나무가지 마리로 뼈대틀 만들고 황토를 개어서 안쪽과 바깥쪽에 번듯하게 발라 벽을 만든 다음 지붕을 얹습니다. 지붕은 서까래와 개판이라 불리는 반듯한 널 빤지를 하중을 분산시키고 균형을 잡아 주는 역삼 목을 차례로 놓고 흙을 채워 가며 기와를 얹습니다. 그런 후 집 안쪽에 바닥과 마루를 만들고 마지 막으로 창문과 방문을 달면 한옥이 완성됩니다.

* **주춧돌** : 기둥 밑에 기초로 받쳐 놓은 돌.
* **보** : 칸과 칸 사이의 두 기둥을 건너질러 가로로 얹은 나무.

(나) 우리나라는 지역마다 기후가 다르기 때문에 한옥의 건축 방식 또한 다릅니다. 북부 지방에서는 주로 겨울을 따뜻하게 지내기 위해 바람을 잘 차단할 수 있도록 'ㅁ' 자 모양으로 집을 지었습니다. 마루가 없고 방들이 서로 붙어 있는 것도 큰 특징입니다.

남부 지방에서는 자연 바람이 잘 통하도록 부엌, 방, 대청마루를 일자형으로 구성한 'ㅡ' 자 모 양으로 집을 지었습니다. 대청마루를 넓게 두고 바람이 방향을 많이 만들어서 더운 여름에 바람 이 잘 통하게 하였습니다.

중부 지방의 한옥은 대부분이 'ㄱ' 자 모양인데, 이는 북부 지방과 남부 지방의 중간에 위치했기 때문입니다. 이와 같이 자연의 재료를 이용하고 기후와 환경 에 따라 다양하게 지어진 한옥들에는 조상들의 슬 기와 지혜가 담겨 있습니다.

주장이나 주제 파악하기
6 이 글의 중심 내용을 두 가지 고르시오. (④ , ⑤)
① 한옥의 뜻
② 한옥의 단점
③ 한옥의 역사
④ 한옥을 짓는 순서
⑤ 지역별 한옥의 특징

내용 확인하기
7 다음 지역에 알맞은 한옥의 모양을 알맞게 선으로 이으시오.

(1) 북부 지방 —— ① 'ㅡ' 자
(2) 중부 지방 —— ② 'ㄱ' 자
(3) 남부 지방 —— ③ 'ㅁ' 자

내용 확인하기
8 지역별로 한옥의 모양이 다른 까닭은 무엇인지 쓰시오.
예 지역마다 기후가 달라서
( )

추론하기
9 이 글에 나타난 글쓴이의 관점으로 알맞은 것에 ○표를 하시오.
(1) 한옥에는 조상들의 슬기와 지혜가 담겨 있다. ( )
(2) 한옥은 현대에 살아가기에는 불편한 점이 많다. ( )
(3) 한옥과 양옥의 좋은 점을 잘 결합하여 새로운 형태의 주택을 만들어야 한다. ( )

자료의 적절성 평가하기
10 이 글을 읽고 알게 된 한옥 짓는 순서를 정리하여 발표하려고 합니다. 발표 자료 정리 방법으로 알맞은 것 에 ○표를 하시오.

(1)
터 닦기, 단 쌓기
↓
주춧돌 받기, 기둥 세우기
↓
집의 뼈대 만들기, 벽 만들기
↓
지붕 얹기
↓
방바닥, 마루 만들기
↓
창문, 방문 달기
( )

(2)
한옥 — 지붕, 벽, 마루, 기둥, 창틀
( )

내용 확인하기
11 다음 빈칸에 들어갈 알맞은 이름을 쓰시오.

기둥
서까래
주춧돌

( )

도움말 글 안에서 한옥을 짓는 과정에 대한 내용을 찾아봅니다.

맞힌 개수 　　　 / 11개

주인정 10. 한옥 짓는 순서를 보다 효과적으로 전달할 수 있는 방법을 생각하여 고를 수 있도록 지도해 주세요.

쉬어 가기

정답과 해설 36쪽

다음 말 상자에서 아래에 제시된 뜻을 가진 낱말을 찾아 ○표를 하세요.

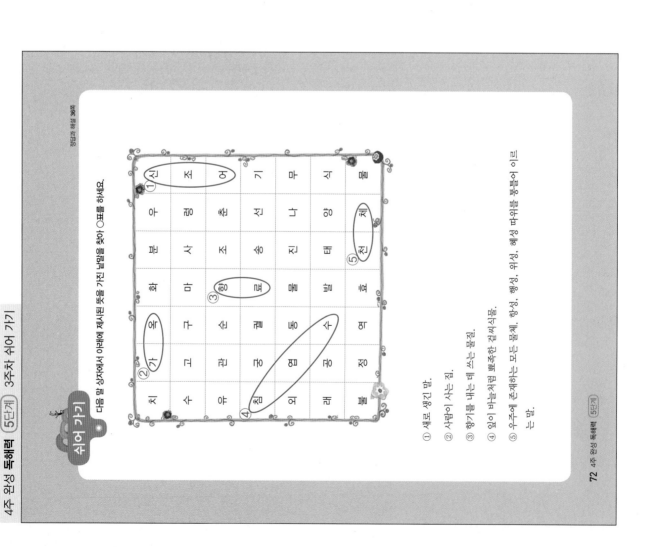

① 새로 생긴 말.

② 사람이 사는 집.

③ 향기를 내는 데 쓰는 물질.

④ 잎이 바늘처럼 뾰족한 겉씨식물.

⑤ 우주에 존재하는 모든 물체. 항성, 행성, 위성, 혜성 따위를 통틀어 이르는 말.

4주 완성 독해력 5단계

4주차 정답

4주 완성 독해력 5단계 4주차 1일

4주차 1일

신기한 주사위

관련 교과 5-1 국어 '아는 것과 새롭게 안 것' / 6-1 수학 '방과 비율'

정답과 해설 38쪽

(가) 나는 ㉠정육면체 모양의 물건입니다. 내 몸의 각 면에는 하나부터 여섯까지를 나타내는 점이 새겨져 있습니다. 사람들은 나를 던져서 맨 위에 있게 나오는 점의 개수를 이용해 놀이를 합니다. 그래서 수한 시간이나 보드게임을 할 때 나를 흔히 사용해 볼 수 있습니다. 나는 누구일까요?

(나) 나는 ㉯ 입니다. 내가 인제 만들어졌는지는 분명하지 않지만, 기원전 3,000년 경 정 등물이 이빨이나 뼈, 뿔 등으로 만들어 이집트에서 사용하였습니다. 그리고 기원전 49년에 율리우스 카이사르 장군이 루비콘 강을 건너 로마로 ㉰진격할 때 자신의 병사들 앞에서 ㉱" ㉲는 던져졌다."라고 한 말은 유명합니다.

이후 유럽뿐 아니라 미국, 중국, 인도 등 세계 각국에 여러 가지 모양으로 퍼져 다양한 놀이에 사용되었습니다. 중국의 여러 시대와 우리나라의 고려 시대에는 이것으로 ㉳'쌍북'이라는 놀이를 하며 *친목을 다졌으며, 조선 전기에는 여자들이 이것을 던져 숫자 맞히기 등의 놀이를 하였다고 합니다.

* **새겨져:** 글씨나 형상이 파여 지지.
* **진격할:** 적을 치기 위하여 앞으로 나아감.
* **친목(親친할 친, 睦화목할 목):** 서로 친하여 화목함.

주사위

익힘 문제

1 추론하기
㉯에 공통으로 들어갈 말을 쓰시오.

(   )

2 추론하기
㉮에 해당하는 것은 무엇입니까? (②)

① ② ③ ④ ⑤

도움말 정육면체는 정사각형 6개로 둘러싸인 도형입니다.

74 4주 완성 독해력 5단계

4주차 1일 공부한 날 월 일

1일 2일 3일 4일 5일

3 어휘 학습하기
㉰의 뜻으로 알맞은 것은 무엇입니까? (③)

① 일을 차려 이루어 감.
② 발전하지 못하고 기운이 약해짐.
③ 작을 치기 위하여 앞으로 나아감.
④ 외부의 침략이나 공격을 막아서 지킴.
⑤ 몹시 소란스럽고 어지러운 일을 가라앉힘.

4 추론하기
㉱의 말을 할 수 있는 상황으로 알맞은 것은 무엇입니까? (⑤)

① 한 가지를 두고 서로 다투는 상황
② 실수한 일을 되돌리려고 하는 상황
③ 일어난 일에 대비하여 전략을 짜는 상황
④ 미래에 어떤 일이 일어날지 미리 예측하는 상황
⑤ 어떤 일이 이미 시작되어서 되돌릴 수 없는 상황

5 중심이나 주제 파악하기
글 (가)와 (나)의 중심 내용을 알맞게 선으로 이으시오.

(1) (가)　　　　① '나'의 역사

(2) (나)　　　　② '나'의 생김새와 쓰임새

6 추론하기
이 글을 읽고 '나'에 대해 바르게 이해한 친구의 이름을 쓰시오.

유리: 여러 나라에 전해졌지만 모양은 모두 같았어.
영민: 옛날 사람들이 놀이에 주로 이용했고, 지금은 사용되지 않아.
다빈: 나를 이용해서 사람들이 놀이를 하면서 사람들끼리 친분을 쌓을 수 있을 거야.

(   )

다빈

4주차 1일 75

주인정 06. 글을 자세히 읽고 주사위에 대해 바르게 이해한 내용을 찾을 수 있도록 지도해 주세요.

실전 문제

정답과 해설 39쪽

과거부터 다양한 놀이에 이용되어 온 주사위에 대해 좀 더 자세히 알아봅시다. 어떤 사건이 일어 날 수 있는 가짓수를 *경우의 수라고 합니다. 주 사위를 던졌을 때 나올 수 있는 경우의 수는 몇일까요? 주사위는 정육면체로 만들어졌기 때문에 면이 총 여섯 개입니다. 그리고 각 면에는 한 개부터 여섯 개까지의 점이 새겨져 있습니다. 점이 한 개 새겨진 면부터 여섯 개 새겨진 면까지 나올 수 있는 경우의 수는 6입니다. 그렇다면 주사위한 개를 던졌을 때 3이 나올 수 있는 경우의 수는 얼마일까요? 주사위를 던져 나올 수 있는 경우의 수는 6이고, 그 중에 3이 나오는 경우의 수는 1이므로 3이 나올 가능성은 6분의 1입니다. 이렇게 어떤 사건이 일어날 가능성을 *확률이라고 합니다. 바로 이 확률 때문에 주사위를 정육면체 모양으로 만들었습니다.

수로 놀이를 하는데 유독 한 가지의 수가 많이 나 *온다면 *공정하게 놀이를 할 수 없을 것입니다. 정 육면체의 면도 모양과 크기가 같은 정사각형으로 이루어져 있기 때문에 어떤 면이 나올 수 있는 확 률이 거의 같습니다. 만약 주사위가 공 모양으로 만들어졌다면 주사위를 던졌을 때 쉽게 멈추지 않을 뿐 아니라 윗면의 수가 무엇인지 판단하기 어려울 것입니다.

주사위를 자세히 살펴보면 한 가지 특징을 더 찾 을 수 있습니다. 주사위에서 마주 보고 있는 면의 수를 합하면 7이 됩니다. 1과 마주 보는 면에는 6, 2와 마주 보는 면에는 5, 3과 마주보는 면에는 4가 있습니다. 놀이할 때 무심코 사용하던 주사위에 이렇게 많은 비밀들이 숨겨져 있다는 것을 알고 나니 주사위가 신기하게 느껴지지 않나요?

* 가짓수 : 종류의 수효.
* 유독(唯유오 獨홀로 독, 獨홀로 독) : 많은 것 가운데 홀로 두드러지게.
* 공정하게 : 공평하고 올바르게.

내용 확인하기

7 경우의 수와 확률에 대한 설명으로 알맞은 것을 선으로 이으시오.

(1) 경우의 수		① 어떤 사건이 일어날 가능성
(2) 확률		② 어떤 사건이 일어날 수 있는 가짓수

내용 확인하기

8 주사위를 공 모양으로 만들면 어떤 점이 불편하다고 하였는지 두 가지를 쓰시오.

• 주사위를 던졌을 때 쉽게 멈추지 않는다.
• 윗면의 수가 무엇인지 판단하기 어렵다.

1일 │ 1일 2일 3일 4일 5일

추론하기

9 이 글을 읽고 알 수 있는 내용으로 알맞은 것에 ○표를 하시오.

(1) 주사위를 한 개 던져서 2가 나올 확률은 6분의 1이다. ( )
(2) 주사위를 여섯 번 던졌을 때 1이 반드시 한 번 나올 것이다. ( )
(3) 주사위를 두 번 던졌을 때 처음에 3이 나왔다면 두 번째에도 3이 나올 것이다. ( )

추론하기

10 주사위의 전개도로 알맞은 것에 ○표를 하시오.

(1) 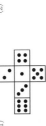 (2)   (3)

( ) ( ) ( )

> **도움말** 주사위의 마주 보는 면의 수를 합하면 7이 되는 것을 찾아봅니다.

추론하기

11 주사위와 관련된 나의 경험을 떠올려 쓰시오.

(예 민속 박물관에 가서 옛날 사람들이 사용하던 나무로 만든 주사위를 본 적이 있다. / 주사위를 가지고 동생과 보드게임을 한 적이 있다.)

매체 읽기

12 11번에서 답한 내용을 바탕으로 이 글을 읽고 주사위에 대해 이미 알고 있고 있던 내용과 새롭게 알게 된 내용 을 정리해 쓰시오.

이미 알고 있던 내용	예 조선시대에도 주사위를 이용한 놀이가 있었 다. / 주사위를 이용한 놀이가 많이 있다.
새롭게 알게 된 내용	예 주사위의 마주 보는 눈의 합이 7이 된다. / 주사위를 정육면체로 만드는 이유

정답 바로 보기

맞힌 개수	/ 12개

주안점 12. 주사위를 보거나 가지고 놀았던 경험을 떠올려, 이미 알고 있던 내용과 이 글을 통해 새롭게 알게 된 내용을 정리할 수 있도록 지도해 주세요.

4주차
2일

역사가 숨 쉬는 조선의 궁궐

관련 교과 6-1 국어 인물의 삶을 찾아서 / 4-1 사회 우리 지역의 문화유산을 보호하려는 노력 알아보기

확인 문제

정답과 해설 40쪽

조선 시대에 한양은 한강을 주위로 산으로 둘러싸여 있고 한강과 넓은 평지가 있는 사람이 살기에 매우 좋은 곳이어서 수도가 되었습니다. 오늘날 서울의 중심부에 있었던 한양에는 경복궁, 창덕궁, 창경궁, 경운궁, 경희궁 이렇게 다섯 개의 궁궐이 있었습니다.

조선 앞조 제일의 궁궐인 경복궁은 조선 태조 4년에 건립되었습니다. '경복'이란 말은 『시경』에서 유래되었는데, '큰 복을 빈다.'라는 뜻이라고 합니다. 이성계가 도읍을 옮기면서 1년 동안 급하게 지었기 때문에 처음에는 390여 칸으로 ㉠소박하였으나. 시간이 지나면서 주변 왕들이 다른 건물을 지어 규모가 더 커졌습니다. 경복궁은 임진왜란이나 일제 강점기 등 여러 역사적 사건 속에서 많은 시련을 겪었습니다. 임진왜란 때는 큰 화재가 나서 많은 건물이 불탔고, 오랜 세월 동안 복원되지 못하다가 고종 4년에 흥선 대원군이 다시 제 모습을 찾게 되었습니다. 하지만 일제 강점기 때 일제에 의해 많은 부분이 훼손되었고 지금까지 보수를 통해 조선의 궁궐의 모습을 되찾기 위해 공사를 하고 있습니다. 다. 경복궁의 대표적인 건물로는 근정전과 경희루가 있습니다.

★ 궁궐: 임금이 거처하는 집.
★ 도읍(都邑을 도, 邑고을 읍): 예전에, 한 나라의 수도를 이르던 말.
★ 소박하였으나: 꾸밈이나 거짓이 없이 수수하였으나.

내용 확인하기
1 조선 시대의 수도는 어디인지 쓰시오.
(한양)

내용 확인하기
2 경복궁에 대한 설명으로 알맞지 않은 것은 무엇입니까? (⑤)
① 이성계가 지은 궁궐이다.
② 임진왜란 때 큰 화재가 났다.
③ 대표적인 건물로는 근정전이 있다.
④ 처음에는 소박했지만 점점 규모가 커졌다.
⑤ 왕가의 어른들을 모시기 위해 지은 궁궐이다.

내용 확인하기
3 불에 탄 경복궁을 다시 지은 인물은 누구인지 찾아 쓰시오.
(흥선 대원군)

매체 읽기
4 이 글의 특징은 무엇입니까? (②)
① 다른 사람을 설득하기 위해 쓴 글이다.
② 대상의 특징을 자세하게 설명하고 있다.
③ 글쓴이의 생각이나 느낌이 잘 드러나 있다.
④ 읽는 이에게 감동과 재미를 주기 위한 글이다.
⑤ 역사적 사실에 대한 글쓴이의 주장이 나타나 있다.

어휘 학습하기
5 ㉠과 뜻이 반대인 낱말은 무엇입니까? (⑤)
① 넓었으나 ② 좁았으나 ③ 견선하였으나
④ 튼튼하였으나 ⑤ 화려하였으나

도움말 '여윈 앎이나 생활 따위가 보통 사람들이 누리기 어려울 만큼 대단하거나 사치스럽다.'라는 뜻을 가진 낱말을 찾아봄

보너스 강의

무엇에 쓰이는 물건인고?

궁궐 안에 있는 다양한 물건과 구조에 대해 자세히 알아볼까요?

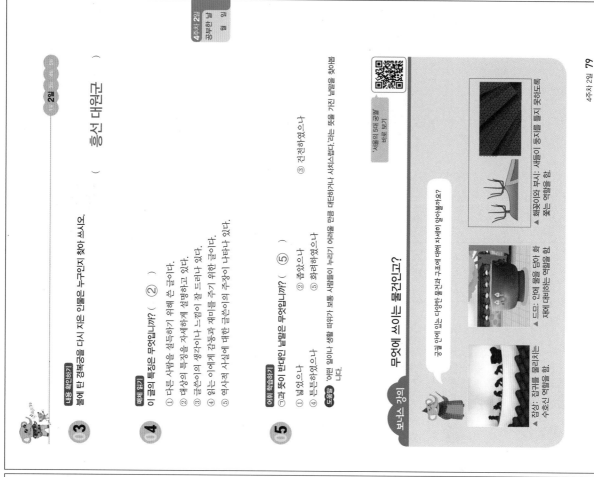

▲ 잡상: 잡귀를 물리치는 수호신 역할을 함.

◀ 드므: 언제 물을 담아 화재에 대비하는 역할을 함.

▲ 해치(해태) 부사: 새들이 둥지를 틀지 못하도록 쫓는 역할을 함.

'서울의 5대 궁궐' 바로 보기

주안점 02. 왕가의 어른들을 모시기 위해 지어진 궁궐은 '창경궁'이며 경복궁에 대한 설명에는 나와 있지 않음을 지도해 주세요.

심화 문제

정답과 해설 41쪽

유네스코 세계 유산으로 등록되어 있는 창덕궁은 조선 시대 궁궐 가운데 가장 보존이 잘 되어 있는 궁궐로, 태종 5년에 경복궁의 동쪽에 지어져서 창경궁과 함께 동궐로 불렸습니다. 많은 사람들이 즐겨 찾는 창덕궁의 후원은 자연을 거스르지 않고 조화롭게 정자와 연못을 배치하여 동양의 아름다운 모습을 유지하고 있습니다. 매우 넓은 정자는 임진왜란 때 소실되었고 지금 남아 있는 정자와 궁궐 전각들은 인조 때 다시 지어진 것입니다.

창덕궁 후원 옆에 있는 창경궁은 궁중의 어른들을 모시기 위해 성종 14년에 만들어진, 유교의 뜻을 잘 담고 있는 궁궐입니다. 하지만 일제 강점기에 일제는 창경궁의 빛나무를 심고 동물원을 만들 듯는 창경원으로 이름을 바꾸었습니다. 조선 왕조의 상징인 궁궐을 공원으로 만들어 민족의 정신을 약하게 만드는 의도였습니다. 오랜 시간이 지난 후 1983년에 창경원이라는 원래 이름을 되찾고 보원 작업을 통해 궁궐의 모습을 다시 갖추게 되었습니다. 창경궁 안에 명정전은 조

* **독립**: 사물을 원래의 상태로 되돌림.
* **정전(正殿)** 정, 殿(前)집 전: 임금이 나와서 조회를 하던 궁전.
* **행각(行閣)** 행, 閣 집 각: 궁문 좌우나 주위에 둘러 지은 줄행랑.

선의 정전 중에서 가장 오래된 전각입니다.

경복궁은 성종의 형인 월산 대군의 집으로 본래는 행궁이었으나 선조가 임진왜란 이후 서울에 들어와 머물면서 궁궐이 되었습니다. 고종 때에는 서구의 문물을 적극적으로 받아들였기 때문에 경운궁에는 근대 서양식 건물과 전통 건물이 함께 있습니다. 고종 34년에 덕수궁으로 명칭을 바꾸었으며, 지금 남아 있는 건물도 중화전, 함녕전, 석조전입니다.

조선의 다섯 궁궐 가운데서 가장 늦게 만들어진 경희궁은 정원궁이라 불리던 것을 조선 영조 때에 경희궁으로 이름을 바꾸었습니다. 일제 강점기 때 전통은 없어졌으므로 경성 중학교가 세워지다가, 경희궁 북쪽 사임으로 수정전을 위하하여 일부가 복원되었으므로, 현재는 공원으로 사용되고 있습니다.

경복궁, 창덕궁, 창경궁, 경운궁, 경희궁의 이름을 보면 조선 시대 궁궐의 역사를 실제보다 보면 조선의 역사를 더 잘 이해할 수 있습니다.

6 내용 확인하기

일제 강점기에 일제가 창경궁의 이름을 창경원으로 바꾸고 공원으로 만든 까닭은 무엇입니까? (⑤)

① 아름다운 공원을 만들고 싶어서
② 자연과 친근한 궁궐을 만들기 위해서
③ 일본 문화의 위대함을 보여 주기 위해서
④ 백성들에게 휴식 공간을 제공하기 위해서
⑤ 우리 민족의 정신을 약하게 만들기 위해서

---

7 내용 확인하기

조선 시대 궁궐 중에서 가장 보존이 잘 되어 있는 궁궐의 이름을 쓰시오.

(창덕궁)

8 내용 확인하기

경운궁에 대한 설명으로 알맞지 않은 것은 무엇입니까? (④)

① 석조전이 있다.
② 고종이 머물던 궁궐이다.
③ 덕수궁으로 이름이 바뀌었다.
④ 유네스코 세계 문화 유산이다.
⑤ 서양식 건물과 전통 건물이 함께 있다.

9 추론하기

㉠에 들어갈 알맞은 궁궐의 이름을 찾아 쓰시오.

(경희궁)

도움말 ㉠에 들어갈 궁궐은 가장 늦게 만들어진 궁궐입니다.

10 추론하기

이 글을 통해 새롭게 알게 된 점을 한 가지 쓰시오.

(예) 덕수궁에는 근대 서양식 건물과 전통 건물이 함께 있다는 것을 알게 되었다. / 일제 강점기 때 많은 궁궐이 훼손되었다는 것을 알게 되었다.

11 어휘 학습하기

㉡과 바꾸어 쓸 수 있는 말은 무엇입니까? (①)

① 꼼꼼히
② 무뚝히
③ 냉정히
④ 적당히
⑤ 조용히

정답 바로 보기

맞힌 개수 　　　 / 11개

주의점 09. 이 글에서 설명하는 조선의 다섯 궁궐이 무엇인지 살펴볼 수 있도록 지도해 주세요.

4주차 3일

동양화와 서양화, 산수화와 풍경화

관련 교과 5-1 국어 '여러 가지 설명 방법 알기' / 5학년 미술 '우리나라 전통 미술의 특징'

정답과 해설 42쪽

확인 문제

동양화란 중국, 한국, 일본 등 동양 여러 나라에서 발달해 온 그림으로, 비단이나 화선지에 붓, 먹, 물감을 사용하여 동양의 전통적인 기법과 이론에 따라 그린 그림을 말합니다. 동양화는 한 번의 터치나 작은 획수의 붓질만으로 그림을 그리는 경우가 많습니다. 동양화가들은 서양화의 입체적인 기법과 달리 평면적인 그림을 그렸으며, 터치와 선, 여백과 공간을 중요하게 여겼습니다. 또한 전통적으로 자연의 풍경을 담은 그림을 많이 그렸으며, 선과 먹의 쓰임을 통해 주로 이상향이나 정신세계를 표현하였습니다.

서양화는 서양에서 발생하여 발달해 온 그림으로, 또는 서양에서 보급된 재료와 기술에 의하여 그려진 그림을 말합니다. 서양화는 유화, 수채화, 파스텔화, 연필화, 펜화 등이 있습니다. 서양화는 캔버스에 유화로 그림을 많이 그리는데, 물감을 여러 번 덧칠하는 기법을 많이 사용합니다. 또한 원근법을 사용하고, 색감과 조형미를 중요시하여 동양화에 비해 색이 화려합니다. 서양화는 전통적으로 사실적인 그림을 주로 그려 눈에 보이는 것을 많이 표현하였고, 과학적이고 사실적인 현실을 있는 그대로 표현하려고 하였습니다.

주장이나 주제 파악하기

1 이 글은 무엇에 대해 설명하고 있는지 쓰시오.

( )

내용 확인하기

2 동양화를 그릴 때에 재료가 아닌 것은 무엇입니까? (④)

① 붓   ② 먹   ③ 물감
④ 캔버스   ⑤ 화선지

도움말 동양화와 서양화를 그릴 때 재료가 서로 다릅니다.

---

* **기법**: 교묘한 기술이나 방법을 이르는 말.
* **유화**: 서양화에서, 물감을 기름에 개어 그리는 그림.
* **원근법(遠近 — 원 — , 近기가울 — 근)**: 일정한 시점에서 본 물체와 공간을 눈으로 보는 것과 같이 멀고 가까움을 느낄 수 있도록 평면 위에 표현하는 방법.
* **조형미**: 어떤 모습을 입체감 있게 예술적으로 형상화하여 표현하는 아름다움.

동양화와 서양화

내용 확인하기

3 다음 내용이 동양화의 특징이면 '동', 서양화의 특징이면 '서'를 쓰시오.

(1) 원근법을 사용한다. (서)
(2) 색감과 조형미를 중요시한다. (서)
(3) 주로 이상향이나 정신세계를 표현한다. (동)
(4) 한 번의 터치나 작은 획수의 붓질만으로 그림을 그린다. (동)

내용 확인하기

4 이 글에서 설명하지 않은 내용은 무엇입니까? (③)

① 재료   ② 기법
③ 유명한 화가   ④ 그림의 소재
⑤ 그림을 통해 표현하려는 것

추론하기

5 동양화와 서양화에 나타난 동양과 서양의 차이를 바르게 말한 친구의 이름을 쓰시오.

> **가현**: 동양에서는 기독교가 발달하였고, 서양에서는 철학이 발달했어.
> **규연**: 동양에서는 밖과 친 것을 좋아하고, 서양에서는 빈 공간을 중요하게 생각하고 아름답게 여기는 것 같아.
> **시율**: 동양에서는 정신적인 것을 추구하고, 서양에서는 눈에 보이는 현상에 집중하는 삶의 태도를 보이는 것 같아.

(시율)

추인점 05. 동양화와 서양화의 차이점을 통해 동양과 서양에서 중요시하는 것이나 집중하는 것, 삶의 태도 등을 추론할 수 있도록 지도해 주세요.

실전 문제

정답과 해설 43쪽

동양화에서 산과 물이 어우러진 자연의 이름다운을 그린 그림을 '산수화'라고 합니다. 뫼 산(山), 물 수(水). 그림 화(畵)로 쓰면 무엇을 그린 그림인지 쉽게 이해할 수 있습니다. 한편 서양화에서는 자연을 이름답게 그린 그림을 '풍경화'라고 합니다. 둘 다 자연을 그린 그림이라는 공통점이 있습니다. 둘 다 자연을 그린 그림이라는 공통점이 있는데요 산수화와 풍경화는 무엇이 다른 걸까요? 둘 사이에 어떤 차이점이 있는지 자세히 알아봅시다.

먼저 산수화와 풍경화는 자연을 바라보는 관점이 다릅니다. 산수화는 자연을 담아 쓰면 정서와 정신세계를 담아내어 그리기 때문에 작가의 생각이나 느낌이 보다 중요합니다. 반면에 서양화는 우리 눈에 보이는 대상에 대한 감상을 그린 것이라고 할 수 있습니다. 서양화가들은 풍경 앞에서 그림을 그리는 것처럼 보이는 것처럼 동양화가들은 때 풍경을 감상한 뒤에 감정과 생각을 마음에 담아 점차으로 동이와서 그림을 그렸습니다. 그래서

산수화는 그림에 자신의 사상이나 철학, 미의식을 담아 표현하였습니다. 반면에 풍경화는 눈으로 관찰해 멋진 장면을 사실적인 모습을 아름답게 그린 것입니다. 그림 화(畵)로 쓰면 무엇을 그린 그림인지 쉽게 이해할 수 있습니다. 한편 서양화에서는 자연을 이름답게 그린 그림을 '풍경화'라고 합니다. 둘 다 자연을 그린 그림이라는 공통점이 있습니다. 산수화는 관찰되는 대상의 특징을 방 점이 다릅니다. 산수화는 관찰하는 대상의 공간을 표현하는 방법도 다릅니다. 즉 작가의 실제 화면에 재구성하여 표현합니다. 즉 작가의 의지에 따라 사물의 크기, 모양, 위치에 변화를 주었다.

생각에 따라 사물의 크기나 모양, 위치에 변화를 주기도 합니다. 또 산수화는 작절히 사용하여 마음의 눈을 통해 자연을 주관적으로 해석하여 그림으로 표현하였습니다. 그에 반해 풍경화는 그 리고자 하는 대상을 화면에 어떻게 배치하는지를 중요시하였습니다. 즉 입체적인 공간을 평면에 보기 좋게 나타내기 위해 원근법과 명암법을 사용하여 실제적으로 표현하였습니다. 이처럼 산수화와 풍경화는

과 (㉡)에서 뚜렷한 차이가 있습니다.

* 관점: 사물이나 현상을 관찰할 때, 그 사람이 보고 생각하는 태도나 시선.
* 심법법: 산수화에서 사용되는 자연을 바라보는 세 가지 시선.
* 배치(排置)하다: 알맞은 자리에 나누어 둠.
* 명암법: 회화에서, 한 가지 색상의 명도 차이 의한에 입체감을 나타내고 설명되고 있습니다.

내용 확인하기

6 다음에 해당하는 말을 찾아 쓰시오.

(1) 동양화에서 자연의 이름다움을 그린 그림: ( )

(2) 서양화에서 자연의 이름다움을 그린 그림: ( )

추론하기

7 이 글에 나타난 설명 방법은 무엇입니까? (⑤)

① 분류 ② 구분 ③ 열거
④ 예시 ⑤ 비교와 대조

도움말 산수화와 풍경화의 공통점과 차이점에 대해 설명하고 있습니다.

내용 확인하기

8 산수화의 특징에 해당하지 않는 것은 무엇입니까? (②)

① 삼원법을 적절히 사용하여 그린다.
② 자연을 눈으로 관찰해 멋진 장면을 사실적으로 그린다.
③ 자연을 담아 작가의 정서와 정신세계를 담아내어 그린다.
④ 자연을 관찰하지 않고 작가의 특징을 실제 화면에 재구성한다.
⑤ 작가의 의지에 따라 사물의 크기, 모양, 위치에 변화를 주었다.

내용 요약하기

9 ㉠과 ㉡에 들어갈 알맞은 내용을 쓰시오.

(1) ㉠: ((예) 자연을 바라보는 관점)
(2) ㉡: ((예) 공간을 표현하는 방법)

어휘 학습하기

10 다음 낱말을 포함하는 낱말은 무엇입니까? (④)

[산수화]

① 인물화 ② 풍경화 ③ 서양화
④ 동양화 ⑤ 진경산수화

11 다음 낱말과 뜻이 반대되는 낱말은 무엇입니까? (③)

[주관적]

① 관념적 ② 정서적 ③ 객관적
④ 정신적 ⑤ 과도적

맞힌 개수 [/ 11개]

43

주인공 09. 마지막 문단에서 설명한 중요한 내용을 요약한 것이므로, 산수화와 풍경화의 차이점을 요약하여 나타내고 있으므로, 산수화와 풍경화의 차이점을 요약하여 나타내고 ㉠과 ㉡에 들어갈 알맞은 말을 찾아 쓰도록 지도해 주세요.

편리한 캔, 위험한 캔

관련 교과 5-1 국어 '글을 읽고 글쓴이의 주장 파악하기 / 6-1 과학 '이산화 탄소의 성질 알아보기'

(가) 식품을 오래 보관할 수 있는 *캔은 언제 어떻게 만들어졌을까요? 나폴레옹은 전쟁 중 군사들에게 매일 음식을 썩지 않고 오래 저장하는 기술을 개발하는 사람에게 많은 상금을 수여하겠다고 했습니다. 당시 요리사였던 니콜라 아페르는 살균한 유리병에 가열한 음식을 넣고 *밀봉하는 병조림을 발명하게 되었습니다. 병조림은 음식의 저장 기간을 크게 늘릴 수 있었으나 쉽게 깨지는 단점이 있었습니다. 그 뒤 1810년, 피터 듀런드는 병조림보다 깨지지 않고 운반도 쉬운 통조림을 발명하였습니다. 통조림은 병조림을 열어야 하고 식품이 진화로 이어졌습니다. 그 뒤 *양철을 많이 쓰는 지금과 유사한 고리가 달려 있는 캔을 생각해 냈습니다. 그 뒤 여러 기술이 개발되어 현재와 같은 원터치 캔으로 발전했습니다.

(나) 처음의 캔은 망치와 *끌을 사용하여 뚜껑을 열어야 하고 식품의 진화로 이어졌습니다. 이는 캔 따개와 캔 뚜껑의 진화로 이어졌습니다. 그 뒤 1959년 프레이즈가 캔 따개 없이 열 수 있는 지금과 유사한 고리가 달려 있는 캔을 생각해 냈습니다. 그 뒤 여러 기술이 개발되어 현재와 같은 원터치 캔으로 발전했습니다.

(다) 캔에는 과학의 원리가 숨어 있습니다. 캔 뚜껑을 손쉽게 딸 수 있는 것은 바로 지렛대의 원리 때문입니다. 탄산음료 캔의 바닥이 오목한 모양인 것도 음료수에 녹아 있는 이산화 탄소의 압력을 바닥에 고르게 하기 위해서입니다.

정답과 해설 44쪽

* 캔: 양철 따위로 만든 통.
* 밀봉하는: 단단히 붙여 막아 봉하는.
* 양철(洋 서양 양, 鐵 쇠 철): 안팎에 주석을 입힌 얇은 철판. 통조림통이나 석유를 담아두는 데 쓰이는.
* 끌: 양초로 한쪽 끝을 때리거나 나무에 구멍을 뚫거나 갈면서 파고 다듬는 데에 쓰는 연장.

확인 문제

내용 확인하기

1. 통조림을 최초로 발명한 사람은 누구인지 쓰세요. (피터 듀런드)

내용 확인하기

2. 캔의 장점은 무엇입니까? (⑤)
① 맛있고 깨끗해서 먹어야 한다.
② 음식이 신선하고 영양분이 풍부하다.
③ 요리하는 데 시간이 많이 걸리지만 맛이 좋다.
④ 작은 충격에도 쉽게 깨져서 운반하기 불편하다.
⑤ 음식을 상하거나 오랫동안 쉽게 편리하게 보관할 수 있다.

내용 확인하기

3. 캔 뚜껑을 쉽게 딸 수 있는 것은 무엇 때문인지 알맞은 것에 ○표를 하시오.
(1) 중력의 법칙 ( )
(2) 도르래의 원리 ( )
(3) 지렛대의 원리 (○)

도움말: 한 곳을 받침점으로 하여 작은 힘으로 무거운 물체 등을 움직이는 원리를 이용하여 캔 뚜껑을 따는 것입니다.

주장이나 주제 파악하기

4. 글 (가)~(다)의 중심 내용을 알맞게 선으로 이으시오.
(가) — ① 캔의 역사
(나) — ② 캔에 숨은 과학 원리
(다) — ③ 캔 따개와 캔 뚜껑의 진화

내용 요약하기

5. 다음 빈칸에 들어갈 알맞은 내용을 간추려 쓰세요.

1810년, 통조림이 발명됨. → (예) 망치와 끌을 사용하여 캔을 엶. → 고리가 달려있는 캔을 생각해 냄. → 현재와 같은 원터치 캔으로 발전함.

보너스 강의

캔 식품은 어떻게 만들어질까요?

엄 캔은 어떤 과정을 거쳐 만들어지는지 차 세워 않아볼까요?

세척 → 헹굼 → 충진 → 포장 → 씨밍

세척	헹굼 넣기 전에 캔을 깨끗하게 함.
헹굼	높은 온도의 기압으로 세균을 완전히 없앰.
충진	깨끗한 캔에 식품을 넣음.
포장	유통 기한을 찍고 상자 안에 넣음.
씨밍	캔 겉에 뚜껑을 덮음.

'캔 캔 만드는 과정' 바로 보기

추인점 04. 각 문단에서 설명하고 있는 중심 내용을 파악할 수 있도록 지도해 주세요.

실전 문제

정답과 해설 45쪽

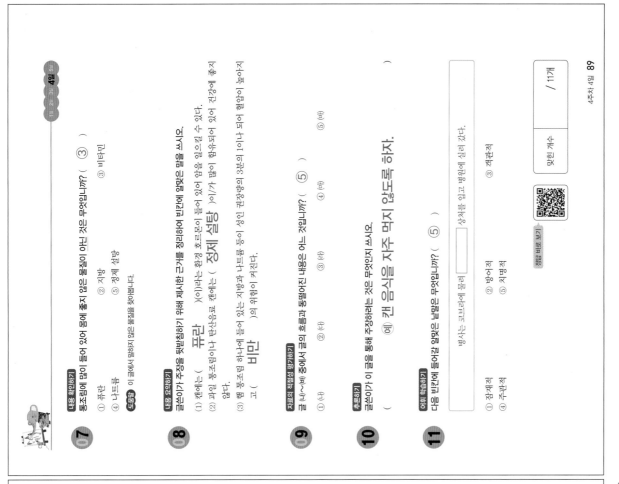

(가) 우리는 캔이나 병으로 된 통조림 식품을 매우 편리하게 자주 이용하고 있습니다. 그런데 이렇게 캔에 든 음식을 자주 먹는 것은 건강에 매우 좋지 않습니다. 어떤 위험이 숨어 있는지 자세히 살펴봅시다.

(나) 첫째, 캔에는 퓨란이라는 환경 호르몬이 들어 있습니다. 퓨란은 캔을 열로 처리하는 과정에서 만들어진 것으로 탄수화물과 단백질이 아미노산이 가열되면서 생깁니다. 세계 보건 기구에서는 퓨란을 발암 물질 그룹으로 분류하였습니다. 국내 연구 결과에 따르면 국내에서 유통되는 통조림, 캔이나 병으로 된 음료수나 이유식 등의 가공식품을 조사한 결과 육류 통조림에서 가장 많은 퓨란이 검출되었다고 합니다. 퓨란은 휘발성이기 때문에 조리한 뒤 식혀 먹으면 날아가지만, 캔이나 병으로 밀봉하면 퓨란이 저장될 가능성이 있다고 합니다. 그래서 통조림 식품을 지나치게 많이 먹지 않는 것이 좋으며, 통조림을 따뜻하게 먹는 것이 좋습니다.

(다) 둘째, 캔 통조림이나 탄산음료에는 정체 설탕이 많이 함유되어 있어 건강에 좋지 않습니다. 설탕이 적게 든 다이어트 탄산음료도 있지만, 여기에는 설탕이 아닌 단맛을 내는 인공 감미료가 첨가되어 있어서 뇌에 치명적이기 때문에 역시 건강에 좋지 않습니다.

(라) 셋째, 햄 통조림 하나에 들어 있는 지방과 나트륨 등이 성인 권장량의 3분의 1이나 된다고 합니다. 그렇기 때문에 햄 통조림을 많이 먹으면 혈압이 높아지고 비만의 위험도 커집니다.

(마) 한편 통조림 식품을 고를 때는 캔이 부풀거나 찌그러져 있는지 잘 살펴야 합니다. 캔 안에 부패 가스가 가득 차면 겉면이 부풀어 아랫면이 보풀어 있습니다. 특히 참치 캔이 부풀어 있으면 보툴리누스균이라는 독소가 생길 것이므로 먹으면 안 됩니다. 그리고 캔의 겉면에 적힌 유통 기한을 꼭 확인하여 기간 내에 섭취하는 것이 중요합니다.

(바) 오늘날 통조림 식품은 간편하게 요리할 수 있어서 바쁜 현대인에게 꼭 필요한 식품이 되었습니다.

---

* 밀봉: 세듬 따위의 미생물을 죽임.
* 잠재적: 겉으로 드러나지 않고 숨은 상태로 존재하는 것.
* 휘발성: 보통 온도에서 액체가 기체로 되어 날아 흩어지는 성질.
* 정체: 물질에 섞인 불순물을 없애 그 물질을 더 순수하게 함.
* 감미료(甘味料): 단맛, 쓴맛 따위, 쓰거리 료: 단맛을 내는 데 쓰는 재료를 통틀어 이르는 말.
* 치명적: 생명을 위협하는 또는 그런 것.

주장이나 주제 파악하기

6. 이 글의 내용은 무엇입니까? (④)
① 캔의 편리함
② 캔의 발명 과정
③ 캔을 만드는 재료
④ 캔 식품의 위험성
⑤ 캔 식품을 만드는 과정

내용 확인하기

7. 통조림에 많이 들어 있어 몸에 좋지 않은 물질이 아닌 것은 무엇입니까? (③)
① 퓨란 ② 지방 ③ 비타민
④ 나트륨 ⑤ 정체 설탕
도움말 이 글에서 설명하지 않은 물질을 찾아봅시다.

내용 요약하기

8. 글쓴이가 주장을 뒷받침하기 위해 제시한 근거를 정리하여 빈칸에 알맞은 말을 쓰시오.
(1) 캔에는 (퓨란)(이)라는 환경 호르몬이 들어 있어 암을 일으킬 수 있다.
(2) 과일 통조림이나 탄산음료 캔에는 (정체 설탕)이/가 많이 함유되어 있어 건강에 좋지 않다.
(3) 햄 통조림 하나에 들어 있는 지방과 나트륨 등이 성인 권장량의 3분의 1이나 되어 혈압이 높아지고 (비만)의 위험이 커진다.

자료의 적절성 평가하기

9. 글 (나)~(바) 중에서 글의 흐름과 동떨어진 내용은 어느 것입니까? (⑤)
① (나) ② (다) ③ (라) ④ (마) ⑤ (바)

추론하기

10. 글쓴이가 이 글을 통해 주장하려는 것은 무엇인지 쓰시오.
((예) 캔 음식을 자주 먹지 않도록 하자.)

어휘 학습하기

11. 다음 빈칸에 들어갈 알맞은 낱말은 무엇입니까? (⑤)
방사능 코브라에 불려 [상처를 입고 병원에 실려 갔다.]
① 잠재적 ② 방어적 ③ 자극적
④ 주관적 ⑤ 치명적

정답 바로보기

맞힌 개수 / 11개

주안점 10. 글 (가)~(마)의 내용을 통해 글쓴이가 전하려는 생각을 추론하여 쓸 수 있도록 지도해 주세요.

4주 5일

인류의 발명품, 종이

관련 교과 4-1 과학 재생 종이 만들기

확인 문제

종이는 105년경 중국의 채륜에 의해 발명되었습니다. 그렇다면 종이가 발명되기 전에는 무엇을 사용했을까요?

원시 시대에는 동이나 점토판에 뾰족한 물건으로 글자를 새기거나 거북의 등이나 동물의 뼈에 기록을 하였습니다.

고대 이집트에서는 파피루스 풀을 재료로 한 종이가 기원전 2,500년경 발명되었습니다. 파피루스의 껍질을 벗기고 뒤 속을 얇게 저며 나온 조각들을 가로와 세로로 나란히 놓고, 큰기 있는 액체로 만든 후 건조하여 만든 것입니다. 파피루스는 구하기 쉽고 가벼운 재료로 오랫동안 사용되었습니다.

서양에서는 오랫동안 양피지를 종이로 사용했습니다. 기원전 190년경에 발명된 양피지는 양이나 송아지의 가죽을 잘 씻어 털을 제거하고, 표면을 갈아서 더 얇고 부드럽게 만든 것입니다. 양피지는 파피루스에 비해 더 크고 크며 더 오래갔기 때문에 오랫동안 보존이 가능하였지만 부피가 크고 거의어 비쌌습니다.

중국의 채륜은 나무껍질과 삼베 뭉치, 헝겊 조각, 뜯는 못을 둥 절구통에 넣고 찧이거나 나온 식물의 섬유질을 걸로 건져 내어 만드는 종이 제조법을 정리하여 보급하였습니다. 종이 제조법은 계속 발전하였고, 종이의 발전과 함께 인쇄술도 발전하게 되었습니다. 종이는 아라비아를 거쳐 유럽으로 전파되었는데, 유럽에서는 종이 생산 기계가 발명되어 점차 종이의 대량 생산이 가능하게 되었습니다.

* 자며: 여러 개의 작은 조각으로 얇게 베어 내어.
* 양피지(羊 양 양, 皮 가죽 피, 紙종이 지): 양의 생가죽을 얇게 펴서 여름 처리한 후에 문백하여 글린, 글을 쓰는 데 사용하는 재료.
* 찧이다: 함부로 마구 짓찧어 다진.
* 전파(傳전할 전, 播뿌릴 파) 되었는데: 전하여 널리 퍼졌는데.

내용 요약하기

1 파피루스를 만드는 순서에 맞게 기호를 쓰시오.

⑦ 파피루스 껍질 벗기기
④ 저며낸 속을 나란히 놓기
⑤ 파피루스의 속을 얇게 저미기
⑥ 큰기 있는 액체로 붙이고 건조시키기

(⑦) → (⑤) → (④) → (⑥)

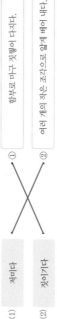

내용 확인하기

2 양피지의 특징으로 알맞은 것을 골라 ○표를 하시오.

(1) 가죽의 등을 두드려 얇게 펴서 만든다. ( )
(2) 파피루스에 비해 오랫동안 보존이 가능하다. ( )
(3) 만드는 재료를 구하기 쉽고 가격이 저렴하다. ( )

도움말 양피지는 양이나 송아지의 가죽을 얇게 펴서 여름 처리를 한 후에 말려서 사용했습니다. 동물의 가죽을 이용하였기 때문에 가격이 비쌌습니다.

내용 확인하기

3 채륜이 만든 종이에 대한 설명으로 알맞은 것은 무엇입니까? (③)

① 점토를 얇게 저며 만들었다.
② 동물의 뼈를 갈아서 만들었다.
③ 식물의 섬유질을 이용하여 만들었다.
④ 종이 생산 기계를 이용하여 만들었다.
⑤ 아라비아에서 종이 제조법을 배워 와서 만들었다.

이어질 내용 예측하기

4 이 글의 뒷부분에 이어질 내용으로 알맞은 것을 골라 기호를 쓰시오.

⑦ 종이 제조의 역사
④ 서양이나 중국의 전통 종이
⑤ 종이의 대량 생산이 가져온 변화

( )

어휘 학습하기

5 이 글에 나온 낱말과 그 뜻을 알맞게 선으로 이으시오.

(1) 저미다 • • ① 함부로 마구 짓찧어 다지다.

(2) 찧이다 • • ② 여러 개의 작은 조각으로 얇게 베어 내다.

어휘 학습하기

6 다음과 같은 뜻을 가진 낱말은 어느 것입니까? (④)

전하여 널리 퍼지다.

① 발전하다 ② 보존하다 ③ 건조하다
④ 전파하다 ⑤ 제조되다

주안점 04. 글에 제시된 정보나 글의 흐름을 바탕으로 이어질 내용을 예측하며 읽으면 글에 대한 흥미와 내용에 대한 이해도가 높아질 수 있음을 지도해 주세요.

정답과 해설 46쪽

실전 문제

정답과 해설 47쪽

종이의 발명은 사회 변화와 문화 발전에 큰 영향을 가져왔습니다. 과거에는 귀족이나 부자들만 책을 가질 수가 있었습니다. 양피지의 값도 비싸고, 손으로 일일이 책의 내용을 베껴 써야 했기 때문에 책은 귀한 물건이었습니다.

그러나 종이의 대량 생산과 인쇄술의 발달로 일부 계층에만 국한되어있던 교육과 지식이 일반인에게까지 널리 퍼졌고, 어느 사회를 변화시키는 원동력이 되었습니다. 사람들은 적어나 인쇄물을 통해서 보다 손쉽게 정보를 전할 수 있었으며 다음 세대에게까지 지식과 문화를 전할 수 있게 되었습니다. 그리고 종이 위에 그려진 그림이나 여러 등의 예술 작품은 인류의 문화유산이 되었습니다.

또한 종이의 발명으로 인간의 삶은 더 편리해졌습니다. 화장실의 휴지, 지갑 속의 지폐, 간편하

게 사용할 수 있는 일회용품 등 종이가 없는 삶은 상상할 수 없을 정도가 되었습니다.

하지만 종이의 대량 생산은 문제점도 함께 가져 왔습니다. 바로 환경 파괴입니다. 종이를 만들기 위해서는 많은 양의 나무가 필요합니다. 보호해야 할 숲 나무까지도 무분별하게 벌목되었으며, 종이를 만들 때 나오는 폐수로 인해 물이 오염되기도 했습니다. 종이컵과 같은 일회용품의 사용량이 급증하면서 쓰레기 처리 문제도 심각해졌습니다.

이런 문제가 나타나면서 종이나 다양한 모습으로 변화되고 있습니다. 종이의 과소비를 막기 위하여 재생 종이를 만들거나 종이를 만드는 연구가 진행되고 있습니다. 또한 종이의 느낌을 그대로 느낄 수 있도록 하는 전자 종이에 대한 연구도 활발하게 이루어지고 있습니다.

* 국한(局限) 국, 限계할 한): 범위를 일정한 부분에 한정되었던.
* 원동력(原動力 원, 動움직일 동, 力힘 력): 어떤 움직임의 근본이 되는 힘.
* 벌목하였으며: 산이나 숲의 나무를 베었으며.

⑦ 주장이나 주제 파악하기

글쓴이가 설명하고 있는 내용은 무엇입니까? (⑤)

① 전자 종이의 특징
② 종이를 만드는 방법
③ 종이의 가격 변화
④ 종이를 만드는 재료
⑤ 종이의 발명이 가져온 변화

⑧ 내용 확인하기

종이의 대량 생산이 가져온 긍정적인 변화를 골라 ○표를 하시오.

(1) 종이 과소비로 문제가 나타났다. ( )
(2) 사람들의 삶이 더 편리해졌다. (○)
(3) 정보와 지식을 일부 계층만 소유하게 되었다. ( )

⑨ 추론하기

종이의 대량 생산이 가져온 문제점을 해결할 수 있는 방법이 아닌 것은 무엇입니까? (④)

① 휴지를 아껴 쓴다.
② 이면지를 사용한다.
③ 과대 포장을 하지 않는다.
④ 각종 청구서를 종이로 받는다.
⑤ 재생 종이로 만든 상품을 구입한다.

도움말 종이의 대량 생산은 환경 파괴라는 문제점을 가져왔습니다. 이 문제를 해결하는 방법은 종이를 아껴 쓰는 것입니다.

⑩ 내용 확인하기

이 글에서 종이로 만든 물건이 아닌 것은 무엇입니까? (⑤)

① 책
② 아포
③ 지폐
④ 종이컵
⑤ 전자 종이

⑪ 추론하기

미래에는 종이의 모습이 어떻게 변화될지 생각해 쓰시오.

(예) 환경 오염 문제가 적고, 문제가 잘 되는 친환경 종이가 생길 것이다. / 물에 타지 않거나 물에 젖지 않는 종이가 생겨날 것이다. / 전자 종이의 등장으로 나무로 만든 종이의 사용량은 감소할 것이다.

⑫ 어휘 학습하기

이 글에 나온 낱말과 그 뜻을 알맞게 선으로 이으시오.

(1) 국한		① 산이나 숲의 나무를 벰.
(2) 벌목		② 범위를 일정한 부분에 한정함.

정답 바로 보기

맞힌 개수 　　 / 12개

쉬어 가기

다음 낱말의 뜻을 찾아 빈칸에 알맞은 번호를 쓰세요.

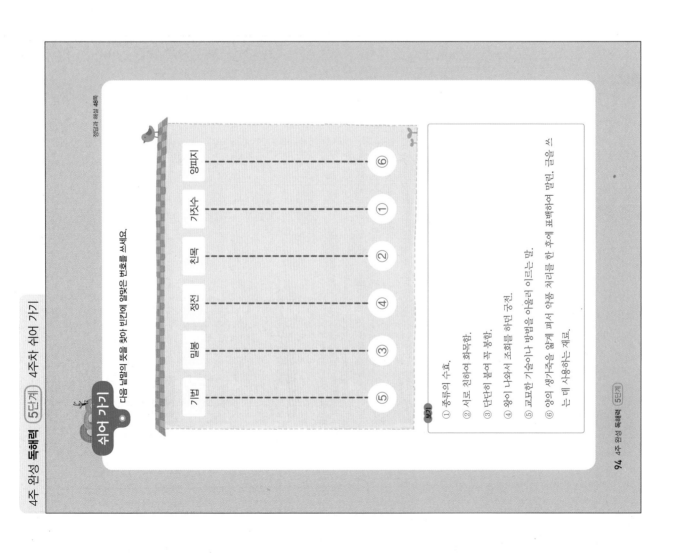

기별	밀봉	정전	친목	가짓수	양피지
⑤	③	④	②	①	⑥

〈보기〉
① 종류의 수효.
② 서로 친하여 화목함.
③ 단단히 붙여 꼭 봉함.
④ 왕이 나와서 조회를 하던 궁전.
⑤ 교묘한 기술이나 방법을 아울러 이르는 말.
⑥ 양의 생가죽을 얇게 펴서 약품 처리를 한 후에 표백하여 말린, 글을 쓰는 데 사용하는 재료.

정답과 해설 48쪽

초등 국어

4주 완성

독해력

5단계

5학년 수준

HOME SCHOOL

집에서 즐겁게 공부하는 초등 영어

EBS랑 홈스쿨 초등 영어

다양한 부가 자료와 함께 TV·인터넷·모바일로 쉽게 하는 홈스쿨링 영어

○ EBS 초등사이트 eWorkbook(받아쓰기, 단어테스트, 리뷰테스트 등) PDF/MP3/무료 강의 제공 ○

초등 영문법 1, 2

초등 영독해 LEVEL 1~3

EBS와 함께하는 **자기주도 학습** 초등 · 중학 교재 로드맵

		예비 초등	1학년	2학년	3학년	4학년	5학년	6학년

전과목 기본서/평가

BEST **만점왕** 국어/수학/사회/과학 · 교과서 중심 초등 기본서
만점왕 통합본 학기별(8책) · 바쁜 초등학생을 위한 국어·사회·과학 압축본
만점왕 단원평가 학기별(8책) **BEST** · 한 권으로 학교 단원평가 대비
NEW **기초학력 진단평가** 초2~중2 · 초2부터 중2까지 기초학력 진단평가 대비

국어

독해
4주 완성 독해력 1~6단계 단계별 · 학년별 교과서 연계 단기 독해 학습
독해가 OO을 만날 때 수학/사회 1~2/과학 1~2 주제별 · 수학·사회·과학 주제별 국어 독해

문학

문법

어휘
어휘가 독해다! 초등 국어 어휘 입문 · 한글과 기초 단어로 시작하는 낱말 공부
어휘가 독해다! 초등 국어 어휘 기본 · 3, 4학년 교과서 필수 낱말 + 읽기 학습
어휘가 독해다! 초등 국어 어휘 실력 · 5, 6학년 교과서 필수 낱말 + 읽기 학습

쓰기
참 쉬운 글쓰기 1-따라 쓰는 글쓰기 · 맞춤법·받아쓰기로 시작하는 기초 글쓰기 연습
참 쉬운 글쓰기 2-문법에 맞는 글쓰기/3-목적에 맞는 글쓰기 · 초등학생에게 꼭 필요한 기초 글쓰기 연습

한자
참 쉬운 급수 한자 8급/7급Ⅱ/7급 · 한자능력검정시험 대비 급수별 학습

문해력
어휘/쓰기/ERI 독해/배경지식/디지털독해가 문해력이다 학기별 단계별 · 평생을 살아가는 힘, 문해력을 키우는 학기별·단계별 종합 학습

영어

독해
EBS ELT 시리즈 · 권장 학년 : 유아~중1
EBS랑 홈스쿨 초등 영독해 LEVEL 1~3 · 다양한 부가 자료가 있는 단계별 영독해 학습
EBS 기초 영독해 · 중학 영어 내신 만점을 위한 첫 영독해

문법
EBS Big Cat · Collins BIG CAT · 다양한 스토리를 통한 영어 리딩 실력 향상
EBS랑 홈스쿨 초등 영문법 LEVEL 1~2 · 다양한 부가 자료가 있는 단계별 영문법 학습
EBS 기초 영문법 1~2 · 중학 영어 내신 만점을 위한 첫 영문법

어휘
쓰기
듣기
EBS Big Cat · Shinoy and the Chaos Crew · 흥미롭고 몰입감 있는 스토리를 통한 풍부한 영어 독서
EBS Easy learning · easy learning · First letters · 저연령 학습자를 위한 기초 영어 프로그램
EBS Phonics/Grammar/Read · 쉽고 재미있는 영어 활동을 통한 필수 Skill

수학

연산
만점왕 연산 Pre1~2, 1~12단계 · 과학적 연산 방법을 통한 계산력 훈련

개념

응용
만점왕 수학 플러스 학기별(12책) · 교과서 중심 기본 + 응용 문제

심화
만점왕 수학 고난도 학기별(6책) · 상위권 학생을 위한 초등 고난도 문제집

특화

사회

사회/역사
초등학생을 위한 多담은 한국사 연표 · 연표로 흐름을 잡는 한국사 학습
매일 쉬운 스토리 한국사 1~2/**스토리 한국사** 1~2 · 하루 한 주제를 이야기로 배우는 한국사 / 고학년 사회 학습 입문서

과학

과학

기타

창체
창의체험 탐구생활 1~12권 · 창의력을 키우는 창의체험활동·탐구

AI
쉽게 배우는 초등 AI 1(1~2학년) · 초등 교과와 융합한 초등 1·2학년 인공지능 입문서
쉽게 배우는 초등 AI 2(3~4학년) · 초등 교과와 융합한 초등 3~4학년 인공지능 입문서
쉽게 배우는 초등 AI 3(5~6학년) · 초등 교과와 융합한 초등 5~6학년 인공지능 입문서